JN221438

「戦争は違法」
の世界の流れと
日本国憲法9条

川村俊夫 著
Kawamura Toshio

学習の友社

［もくじ］

はじめに
——グローバルな視座で憲法9条をみる時代

　外部の攻撃から国民の生命、安全、財産を守ること、それは国家の最も重要な使命の一つであると言われます。国家の歴史が始まっていらい戦争はそのための避けられない手段とされ、18、9世紀の世界においては、「戦争をしてはならない」などと言ったら、「国家の主権の行使を侵害するもの」との厳しい批判を受けました。しかし20世紀に入ってからの2つの世界大戦は、その規模、残虐さにおいてかつて例をみないものとなり、人類の絶滅すら危惧せざるをえない状況をもたらしました。

　こうして国際法の世界では、戦争＝「武力による威嚇または武力の行使」を「違法」なものとして禁止するようになり、個々の国においても、日本国憲法9条ほど徹底したものではないにしても、侵略戦争や核兵器の保持を禁止するなど、憲法に平和に関する規定をおく国が増えています。"お互いに武力行使をしない"と約束しあうことが、人類を滅亡から救う唯一の道であることが、ようやく共通の世界認識となってきたのです。

■戦争と背中合わせの危機も

　しかし、それでも地球上には戦火が絶えていません。それどころか、私たちの気づかないうちに、戦争の危険と背中合わせにされている場合すらあります。

　2017年2月10日、トランプ米大統領と安倍首相がワシントンで初の首脳会談をおこなって共同声明を発表したケースを見てみましょう。そこ

では、度重なる国際的約束をも無視して核実験やミサイル発射実験を繰り返す北朝鮮を非難し、「核および通常戦力の双方による、あらゆる種類の米国の軍事力を使った日本の防衛に対する米国のコミットメントは揺るぎない」ことが確認されています。トランプ大統領が武力には武力で対抗し、“日本を守るため”には核兵器の使用も辞さない姿勢を明確にしたのにたいし、安倍首相が全面的な謝意を表明したのです。

それはどんな意味をもつでしょうか。ヘーゲル元米国防長官はこの時期、米政権内でさまざまな事態を想定した北朝鮮への軍事攻撃が検討されていることに言及し、それに対する北朝鮮からの報復がないと考えるならそれは「無謀な賭けだ」と言い、「韓国で数百万の死者が出て、数万人の米国人も犠牲になる。大惨事もなく日本が切り抜けることはない」と、軍事専門情報サイトのインタビューで、強く警告を発しています。

日本にも危機感を募らせている人がいなかったわけではありません。元外務省高官は、「昨年から今年にかけて戦争の一歩手前までいった。意図がなくても計算違いで戦争が始まる非常に危険な状態だった」と当時をふりかえり、「そんな戦争を起こさせてはならない、それが日本の総理に課せられた責任であり、安全保障の根本だ。圧力より先に交渉があるとして動くべきだった。ところが何もできなかった」と憤りを隠していません（「赤旗」18年8月18日）。

何もできなかったどころではありません。安倍首相は、トランプ大統領との共同声明を発表して帰国した直後の国会でも、この共同声明について、「北朝鮮の攻撃を抑止し、反撃し、あるいは場合によっては殲滅する能力を擁しているということを米国が明確にしたということだ」と高く評価、「米側に策源地を攻撃してもらわなければいけない」、とさえ述べています（17年2月14日、衆院予算委）。しかもその上で、日本が「敵基地攻撃能力の保有」を検討することにまで言及しています。憲法9条で、「国権の発動たる戦争と、武力による威嚇又は武力の行使」は

「永久に、これを放棄する」と宣言した国の首相であることの自覚など
まったくないと言わざるを得ません。

　トランプ大統領は、政権発足いらい、オバマ前政権の「戦略的忍耐」
は「北朝鮮の脅威を助長した」と批判し、軍事力行使を含む「すべての
選択肢がテーブルの上にある」と北朝鮮との軍事的緊張をエスカレート
させてきました。これは米ソ冷戦時代のアメリカの核抑止戦略そのもの
です。その実践の結果はどうだったでしょうか。米ソの果てしない核軍
拡競争がおこなわれ、ソ連はその財政負担に耐えられず、ついに崩壊し
ました。アメリカは生き残りはしましたが、やはり深刻な財政危機に陥
り、いまもってそこから完全に立ち直れてはいません。安倍首相は、こ
うした教訓からなにも学ぼうとせず、トランプ大統領の路線を全面的に
支持し、ことあるごとに北朝鮮への「圧力強化」を主張しています。そ
してその本質を「積極的平和主義」などとまったく逆の意味をもつ言葉
で覆い隠し、「わが国が背負うべき金看板」（2014年1月所信表明演説）
などといって外交の基本にすえてきました。

■一転、対話の道をひらいた国際世論

　ところが2018年6月12日、シンガポールで開かれたトランプ米大統領
と北朝鮮の金正恩国務委員長の会談では、一転して、「新たな米朝関係
の樹立が朝鮮半島と世界の平和と繁栄に寄与すると確信し、相互の信頼
醸成によって朝鮮半島の非核化を推進する」と、日米首脳会談とはまっ
たく反対に、話し合いによって朝鮮半島の非核化と平和をめざすことが
合意されました。トランプ大統領や安倍首相の認識とは違い、武力によ
る潰しあいを許さない方向に世界は大きく動いていたのです。

　まず韓国の文在寅大統領です。米朝間の緊張がひしひしと高まってい
た17年8月15日、「2度と戦争はあってはならない。すべてをかけて戦
争だけは防ぐ」「（50年朝鮮戦争を経験した）この地で、戦争の破壊を繰
り返すべきではない」との決意を表明、長らく途絶えていた南北朝鮮の

首脳会談をはじめ、対話による解決に向けた努力を全力をあげて展開しました。

国連安全保障理事会は９月11日、「事態の平和的、外交的かつ政治的解決」、「対話を通じた平和的かつ包括的な解決」を強調する対北朝鮮決議第2375号を全会一致で採択しました。この決議を北大西洋条約機構＝ＮＡＴＯにおけるアメリカの同盟国も積極的に支持し、ドイツのメルケル首相は「ドイツ政府はどのような武力解決も全く不適切だと判断するし、外交努力と国連安保理決議の制裁実現が正しい答えだ」と述べ、フランスのマクロン大統領は「北朝鮮を政治解決のための交渉の席につかせなければならない。フランスは事態の拡大を拒否し、平和につながる対話の扉は閉じない」、「我々は平和的手段による朝鮮半島非核化を諦めず追求する」と強調しました。もちろん、世界の多くの国々からも「対話による平和的解決」を歓迎する声があがりました。

アメリカの国民世論も敏感に動きました。北朝鮮は「火力と怒りに直面する」「完全に破壊する」など軍事力行使の意図を繰り返し表明していたトランプ大統領に、非難・否定62％（肯定37％、17年９月24日）という拒否反応を示していた米国民は、トランプ大統領が対話の方針に転ずるや支持・肯定が62％（否定37％）とその背中をおす側にまわっています。

こうした世界とアメリカ国民の反応は、ついに戦争勃発にまで至った50年の朝鮮半島危機とはまったく異なるものです。戦争は違法であり、紛争は話し合いにより解決すべきとの人類の理性にもとづく考えが確実に定着しつつあることを示すものです。

■脅威を誇張し、「戦争する国」へとつき進む安倍政権

しかし安倍首相は、米朝会談がそうした世界の流れにそって合意に達した後もなお、北朝鮮への制裁をゆるめることに強く反対し続けています。政府は安全保障にかかわる情勢が大きく変化するときには、それに

応じた防衛力の基本方針にかかる「防衛計画の大綱」を閣議と内閣に設置されている国家安全保障会議で決定することになっており、2018年12月18日には19年度以降に係る「防衛計画の大綱」が決定しています。しかしそこでは、米国・北朝鮮両首脳の合意は、「全ての大量破壊兵器及び弾道ミサイルの完全な、検証可能な、かつ、不可逆的な方法での廃棄」を明示していないと、一気に理想的な結論に到達していないことを理由に「北朝鮮の核・ミサイル能力に本質的な変化は生じていない」とし、「このような北朝鮮の軍事的な動向は、我が国の安全に対する重大かつ差し迫った脅威」とまで結論づけています。

　重要なのは、そうした評価を、安倍首相は内政、外交の政策に直結させていることです。まず、軍事費のさらなる増額です。安倍首相が政権に復帰した13年以降、軍事費は、それまではともあれ上限とされていた５兆円を突破して増えつづけ、2019年度には米軍再編経費などを含めついに実質５兆7000億円に達しました。それは装備の増強となってあらわれ、6000億円以上も投じることになる陸上配備型迎撃システム「イージス・アショア」２基の導入や、F35A戦闘機（１機約150億円を19年に６機、今後100機以上）、長距離巡航ミサイルなどを要求しています。さらに、海上自衛隊の「いずも」を“空母”にしてF35B垂直離着陸戦闘機を搭載するるための調査費7000万円まで計上しています。これらは日本こそ地域の緊張を高める方向に向かっていることを事実をもって証明しています。そしてそれは、さらなる社会保障の削減や消費税の10％増税につながっていきます。

　こうしておこなう装備の増強は何のためでしょうか。それは安倍内閣が単なる閣議決定だけで自衛隊の役割を大きく変え、さらに戦争法の強行によって日本を「戦争する国」にすすめようとしているからです。

　これまで政府は、自衛隊はあくまで日本を守るための組織であるとの「専守防衛」論を掲げ、その自衛隊が武力を行使するのは、①日本に対する武力攻撃があり、②それを排除するために他に適当な手段がない場

合に、③必要最小限の範囲に限られる（「自衛権行使の３要件」）としてきました。ところが安倍内閣は2014年７月の閣議決定で、①を「日本に対する武力攻撃」が発生した場合のみならず、「日本と密接な関係にある他国に対する武力攻撃が発生し、これにより日本の存立が脅かされ、国民の生命、自由及び幸福追求の権利が根底から覆される明白な危険がある場合」にも武力行使をおこなうとしたのです。こんな重大な憲法解釈の変更を閣議決定でできるのかという国民の大きな抗議の声にも耳をかさず、安倍首相はさらに15年９月、「日本と密接な関係にある他国」＝アメリカと地球上のどこでおこる事態にも「切れ目のない、力強い、柔軟かつ実効的な日米共同の対応」することをめざして戦争法（安保関連法）の成立を強行しました。

　しかしその具体化をすすめればすすめるほど、以下にみていくように憲法９条との矛盾は深刻とならざるをえません。こうして「戦争する国」にむけた最後の仕上げとして安倍首相がめざしているのが９条改憲です。「憲法９条改正は何としても自分が首相の間にやり抜きたい」（18年８月10日）など、日本国憲法９条改憲にますます執念をもやし、戦争違法化にすすむ世界の流れに逆行しようとしています。こうした安倍首相の動きに対抗し、日本国民は「安倍９条改憲ＮＯ！ 3000万人署名運動」など草の根からの対話と署名の運動を展開し、平和の世論を広げています。

■日本国憲法９条と世界の平和

　そしていま、時代逆行の安倍９条改憲を許さないために、私たちにとくに求められているのは、憲法９条を生かす取り組みをグローバルな視座をもってすすめることです。

　「戦争違法化」という言葉の生みの親であり、その運動の先頭にたってきたのは米シカゴの弁護士サーモン・Ｏ・レヴィンソンです。このレヴィンソンの研究をつづけてきた三牧聖子（日本学術振興会特別研

員）は、彼の主張と運動を紹介しつつ、つぎのような指摘をおこなっています（『戦争違法化運動の時代』）。

　「レヴィンソンの関心は常に、アメリカ一国の平和ではなく世界平和に向けられていた。大戦間期のアメリカでは、女性平和連盟のように、アメリカ一国レベルで『戦争違法化』を構想し、合衆国憲法の改正を通じ、アメリカの非武装化を推し進めようとする団体も精力的な活動を展開した。しかしこのようなアメリカ一国レベルの『戦争違法化』はレヴィンソンの採るところではなかった。運動の開始から終焉まで、レヴィンソンら戦争違法化論者の関心は一貫して、国際法の改正と、世界各国の国内法の改正を通じ、世界レベルの『戦争違法化』を実現させることに置かれていた」

　こうした視点から三牧は、冷戦後の日本の平和主義にについて、「日本をひたすら紛争から隔離しようとする『一国平和主義』という批判がますます向けられるようになった。21世紀の日本は、日本一国の非軍事化・非武装化を超えて、世界平和を明確に視野に入れた能動的な平和主義を構築していくことを求められている。戦争違法化運動のグローバルな視座は、今後の日本の模索に貴重な示唆を与えるもの」と指摘しています。

　もちろん、一国レベルでの平和をめざすことと、世界の平和をめざすことは矛盾するものではありません。問題なのは安倍首相はもとより戦後日本の支配層の姿勢は「一国平和主義」ですらありません。その原因は、安倍首相ら日本の支配層は、戦後も絶対主義的天皇制のもとでの侵略と反動の政治と明確に決別することなく、しかも対米従属という新たな体制のもとで支配の座に座りつづけていることにあります（第4章参照）。

　それは自民党が党議決定した改憲案「日本国憲法改正草案」（2012年4月）にも象徴的にあらわれています。そこでは、憲法の基本的性格を示すその前文において、「日本国は、長い歴史と固有の文化を持ち、国

民統合の象徴である天皇を戴く国家」などといまだに絶対主義的天皇制のもとでの「歴史と文化」を懐かしがり、「我が国は、先の大戦による荒廃や幾多の大災害を乗り越えて発展」してきた、などと自然災害と戦争を同列におき、さきの侵略戦争への一言の反省もありません。

もちろん、日本国憲法第9条の徹底した平和主義は、戦争違法化の今日の世界の流れのなかでこそ生命力を発揮できます。

9条改憲反対の対話運動に参加された方の誰もが経験しているのは、「それでも北朝鮮が攻めてきたらどうする？」との質問です。あちらこちらに「敵」をつくり、軍事力によってその「敵」をおさえつけようとする姿勢ではこの質問に答えられません。憲法9条の生命力は、各国との友好と信頼の関係を築くなかでこそ発揮されます。

そのためにこそ「グローバルな視座」がいま求められているのです。日本国憲法前文もそのことを強く主張しています。

「日本国民は——平和を愛する諸国民の公正と信義に信頼して、われらの安全と生存を保持しようと決意した。われらは、平和を維持し専制と隷従、圧迫と偏狭を地上から永遠に除去しようと努めてゐる国際社会において、名誉ある地位を占めたいと思ふ」

日本国憲法9条は、「戦争は違法なもの」とすることの徹底をめざしている国際社会の努力のなかで生まれたものであり、その国際世論が国内外でさらに大きくもりあがってこそ、世界に輝く憲法になるのではないでしょうか。

1 中世から近世にかけての 戦争「正当化」の論理

ハーグ会議（1899年）

　人間と人間とが殺しあうのが戦争です。なぜ人間は戦争をするのか。「戦争は万物の父であり、万物の王である」（ヘラクレイトス）、「我他を攻めざれば、他我を制せん」（ショーペンハウアー）、「動物であれ、人間であれ、同種に属する集団間の生死を賭して行うところの蛮的闘争」（ルトゥノー）といった「文学的」、「哲学的」「生物学的」な表現で語られてきたこともありますが、到底そんな言葉で戦争の本質が語りつくせるものではありません。

　しかし歴史的、科学的視点で戦争を見ると、それはその時代、その時代の「理由」をもって「正当化」をはかりつつおこなわれてきたといえます。

■「正当」な戦争と「不当」な戦争──「正戦論」

　古くは古代ギリシャ・ローマでも唱えられ、本格的には10世紀後半以降にアウグスティヌスらによって整理された戦争正当化の論理が「正戦論」です。これは宗教的要素（キリスト教神学）と世俗的要素（ローマ時代の初期の戦闘における慣習ルール）を組み合わせたものと言っていいでしょう。これを広めたアクィナスは、「正戦」の要件として、①戦

争は私的に戦われてはならない（君主の権威）、②戦争は相手の不正を処罰するために行われなければならない（正当原因）、③戦争は悪をくじき善を広めるという精神でおこなわれなければならない（正しい意図）、の３つをあげています（『神学大全』1273年）。グロチウスの場合は、攻撃に対する防衛、攻撃者に対する処罰、攻撃者によって奪われた財産の回復など、より具体的にその条件を定めています。つまり「戦争を正当な戦争と不当な戦争に区別し、正当な理由にもとづく戦争だけを合法と認める」というのが「正戦論」です（筒井若水『国際法辞典』）。

　問題は、そうした条件を整えた「正戦」であるとの判断は、誰が、どのように行うかということです。

　たとえば1096年から200年にわたって展開された十字軍の遠征があります。イスラム教国からの侵攻に苦しんだ東ローマ帝国がローマ教皇に助けを求め、ローマ教皇が「神がそれを望んでおられる」として軍事行動をよびかけた結果おこなわれた戦争です。これはキリスト教国側からみれば、異教徒に対する正義の戦いでした。しかし、「我が兵士たちはくるぶしまで血の池につかってすすむ大虐殺をおこなった」（無名の年代記作者）との記録も残っています。この十字軍の侵攻でエルサレムでは８万人の市民が犠牲になっており、イスラム教徒やユダヤ教徒からすれば、十字軍は残忍な侵略軍にほかなりません。なによりも、キリスト教徒にとっては禁じられているはずの戦争を、一定の場合には正当化する役割を「正戦論」は、担ったことになります。

　こうしたことから、「正戦論を現実に適用すると、その実際的効果として戦争は残虐化しがちとなる。不正を懲らすためには、あらゆる手段が許されると考えられるからである。そして、交戦者は双方とも自らが正しいと考え

十字軍の戦争の絵

ているから、このような残虐さはエスカレートする」（松井芳郎『武力行使禁止原則の歴史と現状』）ことになります。もっとも、これは「正戦論」にかぎらず、それぞれが正当性を主張しておこなわれる戦争一般についていえることでしょう。第2次大戦におけるアメリカによる日本への原爆投下なども、その典型の一つです。

こうしたことから、「正戦論」そのものへの批判も登場するようになります。たとえば16世紀に活躍したエラスムスは、「正戦論」の「中心的弱点」として、戦争をする場合は、その一方にだけ正義があるとは限らないことや、国際社会における公平な裁判官による判断を得るための確立された国際法がないことなどを指摘しました。その結果、17世紀に入ると、宗教改革とこれをめぐる宗教戦争（30年戦争）などによって、それまでのささえであったローマ教会や神聖ローマ皇帝の権威が低下したことにともない、「正戦論」は急速に力を失っていきました。さらに、15世紀には火器（大砲・小銃）が使用されはじめ、16世紀の戦争ではそれが一般化し、さらに17、8世紀に軍隊が職業化し、戦争の形態にも大きな変化がおこっていきました。

その結果、16〜17世紀頃のヨーロッパにおいては宗教的なものだった国際紛争の主たる原因が、17世紀後半から18世紀にかけては、海外領土の獲得や王位継承に関するものへと変化していきます。そして19世紀に入ると列強による地球分割が進み、領土拡大に加えて民族運動が増大し民族自決などナショナリズムに基づく紛争が増加しました。

■戦争は国家の主権的権利─「無差別戦争観」

力を失った「正戦論」に代わって18世紀以降に支配的になったのは「無差別戦争観」です。「国家は平等であり独立したものであって、それぞれ他に対して審判をなすことはできないから、疑わしき場合には、すべて、当事者のおこなう戦争はいずれも平等に合法的なものとして考えなければならない」（ヴァッテル）という主張です。そのため、戦争原

因の如何によって交戦者を差別しないという「無差別戦争観」が登場し、いったん戦争がおこれば交戦者は平等に扱うという戦時国際法が適用されることとなりました。

当然、「国家」の利害が前面に出され、「宣戦、講和の決定は、国家のもっとも重大な主権的な権能」であり、「戦争をやってはならないということは、国家のもっとも重要な主権を侵すものであった。戦争をやるか中立を守るか、和戦の決定は国家にとって常に最後の手段として保留された」のです（高野雄一『集団安保と自衛権』）。

それは、産業革命を終えて資本主義の本格的展開の時代に入り、競って海外に進出して植民地獲得に乗り出した資本家たちの論理にほかなりません。新しい時代を動かすことになった資本家たちにとって、戦争は原料や労働力の確保、市場拡大のための手段であって、それが「正当性」をもつかどうかなどには、何の関心もありません。

こうして人びとは戦争が「正当性」をもつかどうかを判断することをあきらめ、捕虜の待遇とか、占領した地域における支配のあり方などについての国際慣行を守ることだけが条件とされるようになりました。その戦争がどのような目的でおこなわれるか、どちらが先に戦端を開いたかなどを問うものではありません。

たとえば、1840年の「アヘン戦争」です。18世紀いらい、中国からイギリスへの茶の輸出が急増し、イギリスが中国に対価として支払う銀の流出も激増しました。その対策として、イギリス政府は当時の植民地インドにおいてケシの栽培を奨励し、それによってつくるアヘンをもって茶の対価としました。その結果、中国ではアヘン吸引者が激増し、100人に1人が常習者になったといいます。当然のこととして中国政府がこのア

アヘン戦争の絵

ヘン流入に対する取り締まりを強化したことにたいし、イギリス議会が宣戦を布告、40数隻の軍艦を派遣して中国を攻撃したのが「アヘン戦争」です。結果はどちらの主張が正しいかで決まるのではありません。近代兵器で装備をしたイギリス軍が勝利し、中国は多大な賠償金を支払ったうえ、香港を実質上の植民地である「租借地」として提供、その支配を20世紀末まで許すことになりました。

　先進資本主義大国は資本主義経済の発展とともに、植民地獲得競争、軍備拡大競争にのりだし、また利害を共にする国同士が軍事同盟を結んで別の軍事同盟と対抗することとなり、戦争の規模は急速に拡大していきます。そうした戦争が18世紀から19世紀、そして20世紀初頭にかけて激しく展開されました。たとえば1853年〜56年のクリミア戦争は、フランス、オスマン帝国、イギリスを中心とした同盟軍にたいしロシアが立ち向かい、その戦闘地域はドナウ川周辺、クリミア半島、さらにはカムチャッカ半島へと広大な地域におよび、死者は30万人を越すともいわれ、近代史上稀にみる大規模な戦争となりました。

　こうして、先進資本主義国による発達の遅れた地域を植民地化する政策は急速にすすみました。たとえばアフリカが外国の支配下におかれていたのは、1875年には地域内の10％にすぎませんでしたが、19世紀の残りの25年間でヨーロッパ諸国によりほぼ分割されつくしてしまいました。

■戦争の「ルール」づくりめざしたハーグ平和会議

　戦争の規模、残虐さが拡大していくなかで、ようやくその被害の緩和をはかろうとする動きが始まり、戦争を規制し、軍縮を話し合うためのハーグ平和会議が第1回1899年、第2回1907年の2回にわたって開かれます。ロシア皇帝ニコライ2世の提唱で開催されたこの会議には当時の国際社会を構成するほとんどの国が参加し、国際紛争の平和的処理について包括的に規定した「国際紛争平和的処理条約」も採択されました。それは、戦争防止のため国際紛争の平和的処理の努力（第1章）、周旋

と調停（第2章）、国際審査委員会の構成・権限・手続き（第3章）、国際仲裁裁判（第4章）等を規定しています。

　しかし、これらの国々がめざしたのは、国家の戦争する「権利」を認めたうえで、限定的に戦争を規制することでした。第1回会議で採択された条約がその前文で、「国際社会においては、国家間の武力衝突を防止し、平和を維持する手段が追求されねばならないが、同時にどうしても武力衝突が避けられない事態が存在することも考慮しなければならない」と、最初から戦争は避けることができない場合もあることを前提としています。それどころか、戦争の開始に関する手続きを定めた「戦争の開始に関する条約」が結ばれるなど、かえって戦争の自由を拡大したとの指摘もされています。

　ただ「契約上の債務回収のための兵力使用制限に関する条約（ポーター条約）」には注目する必要があります。「債務回収のための兵力使用」というきわめて限定的ではありましたが、はじめて実質的に武器使用の制限をおこなったことは、伝統的な国際秩序とは異なる要素を含んでおり、やがて「戦争違法化」の道をひらくことになるからです。

　ハーグ会議のような国際会議を開き戦争のルールを決めるということ自体、「無差別戦争観」が支配していた当時としては画期的なことでした。しかしもっとも主要議題であった軍縮については成果をあげることができませんでした。

　第1回ハーグ会議の当時、これらの動きを評したロシアの作家トルストイは、「あらゆる政府が、おどろくべき厚かましさで、戦争準備と戦争そのものでさえ、平和を護るために必要だと宣言している。偽善と欺まんの領域で新たな一歩がふみだされた」ときびしく批判しています。

> **ハーグ平和会議のおもな内容**
>
> ○**第1回 1899年**
> 　国際紛争平和的処理条約
> 　常設仲裁裁判所の設立
> 　ハーグ陸戦条約
>
> ○**第2回 1907年**
> 　戦時禁制品の検討
> 　陸戦条約の改定、中立法規

もちろん、戦争への協力拒否＝徴兵拒否は国家への反逆であり、処罰をまぬかれません。トルストイは、徴兵拒否者がどれほど過酷な弾圧を受けるかを紹介しつつ、そうした一方で皇帝や王たちが軍縮や平和を語るのは偽善、欺まんだと批判したのです。（伊藤成彦『物語日本国憲法第九条』）

■戦争違法化の大衆運動のめばえ

　生命の危機、ぼう大な軍事費負担など、戦争によってもっとも苦しめられるのは国民にほかなりません。さきに見た戦争違法化運動の創始者であるシカゴの弁護士・レヴィンソンも、徴兵され、戦場におくられた息子をもつ親の１人であり、戦争がいかに悲惨なものかを身をもって体験する立場にありました。彼は第１次世界大戦後、「戦争の法的地位」という論文を発表します。

　そこで彼が主張したのは、我々が必要としているのは「戦争の法」ではなく「戦争に反対する法」なのだ、ところが現在の国際法の４分の３は「戦争のルール」を決めたものにすぎないと批判、「世界の再構成のためには、次の２つが不可欠だ」として、「国際法による戦争の特別な違法化と国際法廷の判決を執行する力」を強調しています。

　こうして国際連盟発足後の1921年12月、戦争違法化アメリカ委員会が結成され、レヴィンソン弁護士が執筆した『戦争の違法化』と題するパンフレットの普及数は当時としては異例といってよい100万部に達しています。彼はそこで、「我々は、決闘や奴隷制という制度も気高くも廃止してきた。そうすれば戦争という制度も廃止できないことがあろうか」と訴えています。

　こうして大衆的な戦争違法化運動の端緒が切り拓かれました。そして1923年には、アメリカの第１次大戦の参加にともなう徴兵を拒否して懲役５年の刑をうけた若者たちがつぎつぎ刑務所から釈放され、「戦争抵抗者連盟」（WRL）を結成、その後もあらゆる戦争に反対し、第２次世

界大戦後も1960年代からのベトナム戦争反対の運動では中心的役割を果たしました。

　戦争違法化運動の流れは、こうした各国に広がっていきました。

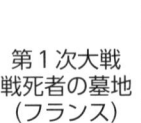

2

戦争の違法化と集団安全保障

第1次大戦
戦死者の墓地
（フランス）

　前述のように、外部の侵略から国家および国民の安全を守ることは「安全保障」といわれ、国家のもっとも重要な任務とされます。20世紀初頭までは、そのために国家は軍備を整え、他国と同盟をむすび、必要ならば戦争に訴えることを個々の国の権利として、それぞれの国の判断にもとづいておこなってきました（第1章参照）。

　しかし、20世紀に入ってますます大規模化し、残虐化した戦争は、ついに第1次大戦の勃発によって、人類の絶滅すら危惧せざるをえない事態にまでいたりました。その結果、戦争のたんなる「規制」ではなく、これを「阻止」するというこれまでの人類の歴史にはなかった努力が始められました。こうして第1次大戦後、まず国際連盟が結成されます。そのもとでおこなわれる「安全保障」は、これまでの個別の国家によるものとは区別して「集団安全保障」とよばれるようになりました。その内容は大きくいって2つの要素からなります。

　第1は、国家と国家の間でおこった紛争を武力によらないで平和的に解決することを約束し合い、戦争に訴えることはそれまでとは180度異なって「違法」とされるにいたったことです。

　第2は、そのような約束をしても、それに反して、仲間うちの国が戦

争をしかけるとか平和を脅かす行為をした場合、他の国々が共同して約束に反した国に制裁を加え、これをやめさせるということです。

　このような集団安全保障の考えは、従来の国際法秩序にはないものであり、約束が実行されているかどうかを監視し、違反者に制裁を加えるための国際組織が必要となりました。規約前文が「締約国は、戦争に訴へざるの義務を受諾し…」で始まる国際連盟は、歴史上初めてこのことをめざしてつくられた国際組織です。

　しかし、国際連盟がつくられ、その後さまざまな努力がおこなわれてきていますが戦争はいまなお後を絶ちません。それは20世紀初頭までの「無差別戦争観」が依然として克服されず、大国の横暴が続いていることが原因となって、つねに "抜け道" 探しがおこなわれてきたからです。集団安全保障という人類の理性にもとづく発明はありましたが、それを実質的なものとするためには、さらに粘り強いたたかいが求められています。

（1）第1次世界大戦と国際連盟

　第1次世界大戦は、その規模、残虐さにおいて、それ以前の人類の歴史に例をみないものとなりました。

　発端となったのは、オーストリア陸軍が勢力を誇示するためにおこなった軍事演習にセルビアの一青年が憤激し、ボスニアを訪れたオーストリア皇太子夫妻を射殺した事件でした。この事件を口実にオーストリアがセルビアに宣戦布告したのです。しかしその背景には、かねてから英・仏・露を一方とし、独・オーストリアをもう一方とする2つの帝国主義陣営の対立がありました。さらにそれぞれの国には、急速に発展しつつあった労働運動や民族解放闘争の矛先を外部にそらすために、国民のエネルギーをこの戦争にふりむけようとの思惑もありました。こうして事件は、世界の帝国主義国30数ヵ国をまきこむ大戦争へとエスカレー

トしたのです。

■国民を総動員し科学の最先端を兵器に投入

　国家の命運をかけた戦争には、発達した科学技術の最先端が投入されます。第1次世界大戦では、初めて戦車、毒ガスが投入され、さらに、飛行機による空爆がおこなわれるようになりました。そのため、それまでのような「前線」と「後方」の区別はなくなり、全土が戦闘地域となってしまいました。国民は兵士として戦場にかりだされただけではなく、軍需産業等への強制動員がおこなわれ、ぼう大にふくれあがった軍事費をささえるための財政負担も強いられました。つまり、国中をまきこんで戦争をおこなう総力戦となったのです。

　この戦争に直接に動員された人びとは、全世界で6504万人とされ、その1割を超える853万人が生命を失い、1222万人が負傷したといいます（米陸軍省発表）。しかし、軽視してならないことは、総力戦のなかで多数の民間人が砲弾にさらされ、飢餓などによって死亡したことです。その数は「推定、1200万人」といわれています（エンサイクロペディア・アメリカーナ）。これはヨーロッパ主要参戦国の人口の2〜3％にあたります。

　第1次大戦は1918年11月、ドイツ側の降伏で終わりました。その結果、敗北したドイツが帝国主義国の中における地位を大幅に低下させたのはいうまでもありません。しかし、勝利したはずの仏英の側も人的・物的に大きな打撃をうけ、急速に高まった労働運動や民族解放闘争の影響もあって支配力を弱めました。ロシアでは17年11月、世界の歴史上初めて、労働者階級による社会主義政権が樹

第1次世界大戦	
（連合国）	（同盟国）
イギリス	ドイツ
フランス	オーストリア＝ハンガリー
ロシア	
（革命で離脱）	オスマン・トルコ
イタリア	ブルガリア
日本	ほか
ほか	

立されるにいたります。

　しかし主戦場となったヨーロッパから離れた地域に位置する日本は、この戦争で大きな利益をあげます。日英同盟を口実に、中国におけるドイツの軍事拠点を攻撃するという名目で山東に出兵、中国での利権拡張をはかったのです（P35参照）。

　日本以上に"漁夫の利"をおさめたのがアメリカです。アメリカはヨーロッパの問題に関与しないし、ヨーロッパがアメリカの問題に介入するのは認めないとの伝統的「モンロー主義」を理由に、はじめはこの戦争には参加せず、中立国として交戦各国に軍需品を輸出し、莫大な利益をあげました。しかし15年、イギリスの客船ルシタニア号がドイツ潜水艦に撃沈され米市民128人を含む1195人が犠牲となったことをきっかけに、この戦争への米国民の批判が高まりました。こうしてウィルソン大統領は17年4月、「すべての戦争をなくして、民主主義のために、世界平和を創り出すためにアメリカはこの戦争に参加しなければならない」と、ドイツに宣戦しました。

　しかし、民主主義、世界平和のための参戦というウィルソン大統領の言明にもかかわらず、実際に参戦するということになればアメリカでも多くの若者が徴兵によって戦場に駆り出されていくこととならざるをえません。若者からも家族からも怒りが噴出しました。ウィルソンがそうした声に耳をかさず、徴兵を拒否する者は、5年の懲役に処するなどの弾圧をおこなったことは第1章でも見たとおりです。

■ウィルソンの「14ヵ条提案」とベルサイユ条約

　一方でウィルソンはドイツ降伏に先立つ18年1月、議会への教書をつうじ「14ヵ条提案」をおこないました。それは、①秘密外交の否定、②公海の自由、③通商条約の平等化、④軍備縮小、⑤植民地問題の適正な処理、⑥ロシアの自決権の尊重、⑦ベルギーの原状回復…と戦後の世界秩序に関する広範な問題に及ぶもので、大戦後の新しい世界秩序をつ

くるイニシアティブをアメリカが発揮しようとの思惑によるものでした。同時にそれは、17年10月に成立したばかりのソビエト政府が無併合・無賠償の講和を提唱し、民族の自決権、秘密外交の撤廃などを盛り込んだ「平和についての布告」を発し、それが世界の労働運動、民族解放運動を大いに励まし、勇気づけていることを強く警戒、これに対抗する思惑もこめたものでした。しかし、ウィルソンの提案で民族自決の対象とされたのはオーストリア、トルコ両帝国内の諸民族にかぎられ、米・英・仏の植民地には手をつけないという入念な「配慮」もほどこしていました。ただ、重要なのは最後の第14項で「国際平和機構の設立」を提唱したことです。それは、その後の国際政治に大きな影響を与えることになります。

　1919年１月、ウィルソンはアメリカの全権大使としてこの「14ヵ条提案」を引っさげ、パリ郊外のベルサイユ宮殿で開かれた第１次大戦終結のための講和会議にのりこみました。この会議で敗戦国ドイツとの間で結ばれたベルサイユ講和条約そのものは、フランスやポーランドへの領土割譲、海外植民地の放棄、巨額の賠償など帝国主義諸国の要求を盛り込んだ過酷な制裁をドイツに課すもので、ウィルソンの14ヵ条提案の考えとはほど遠いものでした。しかし、その第14条の主要部分はベルサイユ条約第１章の「国際連盟憲章」として条文化され、国際連盟設立をもたらすこととなりました。

■加盟国に「戦争に訴えざる義務」—国際連盟規約

　国際連盟規約の主要な審議はウィルソン米大統領も参加し、フランス、イギリス、イタリアの４ヵ国で行われました。しかし、これまで戦争といえば個別の国家の「主権的権利」とされ、国際社会の問題として論議する「集団安全保障」などという考えはまったくなかったにもかかわらず、いきなり戦争を「違法」とする立場に180度転換したのです。したがってその論議は、まさに手さぐりと妥協の積み重ねによる試行錯誤の連続でした。

　それにもかかわらず、国際連盟規約は、その前文の書き出しを、「締約国は戦争に訴へざるの義務を受諾し…」と「戦争違法化」を前面に押し出す画期的なものでした。もっともこれも、米大統領顧問ミラーの提案した当初の原案では「武力の行使」となっていたものが、起草委員会で「戦争」に変えられた経過があります。その結果、開戦宣言・最後通牒（つうちょう）など明白な開戦意思の表明を伴わない武力の行使（「事変」「動乱」など開戦宣言のない「事実上の戦争」、正規の戦争でないもの）は、法的な意味における「戦争」とは見なされず、規約適用の対象にされないことになってしまいました。これも規約にもとづく制約の対象をできるだけ少なくしたいという立場への妥協の一例といえましょう。日本が中国東北部における侵略戦争を「満州事変」と言い換えて強行したのはそうした抜け道を悪用した典型的な例です。

　しかしともあれ、前文冒頭のこの「戦争に訴へざるの義務」を受けて、「戦争又は戦争の脅威は、連盟国のいずれかに直接の影響あると否とを問わず、総て連盟全体の利害関係事項たること」と集団安全保障の大原則を打ち出し（第11条）、何が違法であるかを判断する手続きを定め、違法と判定された場合には制裁すると定めたことに国際連盟発足の意義があります。

　そして規約は、重大な紛争が起った場合には各国の勝手な判断で行動してはならず、国際司法裁判所の審判にかけるか、連盟の総会か理事会

にかけることを加盟国に義務づけています（第13条）。つまり、連盟国間の紛争は必ずこれらの手続きをとらなければならないのです。それは、国際間の裁判は、国内における事件のように、何でもただちに裁判にかけられるわけではなく、相互が条約で約束している問題に限って裁判にもっていけることになっており、あらかじめ条約で一定の約束をしておかなければなりません。そうした約束がない場合のために、連盟の理事会か総会にかけなければならないとの規定がもりこまれたのです。

■違法な「戦争」の３つのタイプ

連盟規約の意義は、一般的に戦争を「違法」なものと宣言するにとどめず、具体的に次の３つを違法な戦争として明記したことです。

①加盟国が、加盟国間で発生した国交断絶のおそれのある紛争を、裁判にも連盟理事会にもはからず戦争に訴えること。（第12条１項）

②裁判の判決が出てから３ヵ月をおかずに戦争に訴えること。（第12条１項）

③裁判の判決あるいは理事会が全会一致で採択した報告に従う国に対して戦争に訴えること。（第13条４項、15条６項、10項）

逆の面からみると、判決に従わない国に対する戦争、連盟の報告に従わない国に対する戦争、連盟理事会が全会一致で勧告を採択できない場合の戦争─は禁止されていません。さらに自衛戦争を認め、国際紛争の平和的解決にも例外を認めていました。また、前述のように、ウィルソン提案そのものが、当時アメリカを上まわる植民地をもっていた英・仏に配慮し、民族自決権を認める規定を削除してしまいました。そればかりか英仏は、「いまだ自立し得ざるもの」に対しては先進国に「後見の任務」があると主張、「委任統治」地域という名目で公然とその植民地支配を続けることまで認めさせました。

これらに違反した国には制裁を課すことが規約明文で規定されたことも、連盟規約の重要な特徴をなすものです。その制裁は、経済制裁と軍

事制裁の2種類があります。経済制裁は、約束を無視して戦争に訴えた連盟国に対しては、他のすべての連盟国に対し戦争行為をなしたものと見なし、ただちに一切の通商上または金融上の関係を断絶し、自国民と違約した国の国民との一切の交通を禁止するというものです。つまり経済封鎖です。もう一つの軍事制裁は経済制裁と別の独立したものではなく、経済制裁を実行するのに必要なら武力を行使するというものです。そのために必要な武力については、連盟理事会が関係各国政府に負担すべき軍事的協力の内容を提案することになりますが、各国がこれに従う義務ではありません。(24年9月の第5回国際連盟総会は、ウィルソン構想に近い仲裁裁判、安全保障、軍備縮小を基調とする「ジュネーブ平和議定書」を採択しましたが、25年5月までに必要な批准をえられず発効しませんでした。)

　こうした妥協の積み重ねの上に規約はようやく採択されました。戦争を抑止する実効性を確保するという点からみると加盟国の義務は大きなものではありません。にもかかわらず、ウィルソンの出身母体であるアメリカ議会は、国際連盟への加盟案を否決してしまいました。アメリカが当時外交の原則としていた「モンロー主義」をつらぬくべきだという理由です。実際は、アメリカが南米諸国でもっている権益にたいするヨーロッパ諸国の干渉を排除するためにほかなりません。

　もっとも「戦争違法化」という考えの発案者であるレヴィンソンも、アメリカが国際連盟に加盟することには反対しました。それは国際連盟が掲げた「戦争違法化」は違反する国に対する制裁のための軍事力行使も認めているからです。レヴィンソンの考える戦争違法化は、その目標を達成する手段においても武力による制裁を認めず、規約違反に対しては国際世論という「道義的制裁」によって実現されなければならない、というものだったからです。レヴィンソンによれば、ハーグ平和会議における約束すらいったん戦争がはじまれば踏みにじられた事実にもみられるように、武力制裁は実際には効果を発揮できないというのです。

発足した国際連盟には、革命直後のソ連の加盟は認められませんでした（ソ連は34年加盟、39年除名）。ドイツは26年に加盟が認められましたが、29年の世界大恐慌で英仏と対立し脱退しました。

結局、国際連盟は1920年1月、45ヵ国の加盟で発足しました。世界平和の維持を目的する集団安全保障の仕組みとしては、この加盟国の数の面でもアメリカなど主要国を欠いた参加国の内容の面でも、集団安全保障機構としては不十分な面をもっていたと言わざるをえません。

（2）自衛権をめぐる本格的論議—不戦条約

■フランス外相がよびかけ米国務長官が呼応

国際連盟がうちだした戦争違法化の考えをさらに広げ、定着させたのは、不戦条約（「戦争放棄に関する条約」）です。

きっかけは、フランス外相ブリアンが国際連盟にはアメリカが加盟していないという重大な欠陥を補うため、アメリカの第1次大戦参戦10周年にあたる1927年4月、アメリカ国民にむけ、2国間の不戦宣言および紛争の平和的解決をよびかけたことです。こうしたよびかけをしたブリアンの意図について、アメリカ国内では、フランスが大戦中に負った負債への返還を求めてアメリカが武力行使することを避けるため、といった憶測もながされました。

しかし、社会党の書記長をつとめた後に連立内閣を組織し、首相11回、外相10回の経歴をもつブリアンは、侵略戦争を違法とする思想はフランス革命以来の伝統であること（第5章参照）も踏まえつつ、1925年にはヨーロッパおよび世界の平和とフランスの安全保障の調和をめざし、「いかなる場合も攻撃または侵入せず、また、戦争に訴えないことを約束する」との安全保障協定（ロカルノ協定）を結んでいます。これは英独仏伊、ベルギー、ポーランド、チェコの7ヵ国間の相互の安全保障を約束したものであり、さらに26年にはドイツの国際連盟加盟を実現させ

ています。ブリアンはアメリカとの条約をこうした多面的安全保障体制の一環と考え米仏条約をよびかけたのです。

　アメリカでは戦争違法化の運動をすすめてきたレヴィンソン弁護士らもブリアンのよびかけを歓迎、ケロッグ国務長官に受け入れを勧めました。そうしたこともあってケロッグは、それを単なる2国間条約ではなく、多国間条約にすることをブリアンに逆提案しました。その結果、イギリス、ドイツ、イタリア、日本なども賛成し不戦条約が結ばれ、1938年末までには、当時の全世界の9割以上にあたる64ヵ国が締結、世界的な広がりをもつものとなりました。その中には国際連盟に加盟していない9ヵ国（アメリカ、ソ連、メキシコ、トルコ等）も含まれています。

■戦争違法化を「否定できない原理」に

　不戦条約第1条は、「締約国は、国際紛争解決のため戦争に訴えることを非とし、かつ、その相互関係において国家の政策の手段としての戦争を放棄することをその各自の人民の名において厳粛に宣言す」と、国際紛争解決のための戦争を違法と規定します。第2条では、「締約国は、総互間に起こることあるべき一切の紛争または紛議は、その性質または起因の如何を問わず、平和的手段によるのほかこれが処理または解決を求めざることを約す」と国際紛争の平和的手段による解決を義務づけます。そして条約は、第3条で加入手続きを定めるだけという全3ヵ条の簡潔なものです。

　ブリアンはこの条約の意義を強調し、国際連盟規約のように限られた範囲の戦争ではなく、ここでは法律的か政治的かの起因を問わず、「国家の政策手段としての戦争」が「留保なしに否認」され、「戦争という制度そのもの」の正当性と合理性が否定される「普遍性と一般性」をもっている、と力を込めて述べています（アメリカの第1次大戦参戦10周年記念演説）。当時のアメリカ大統領クーリッジは、この条約を「史上類例を見ない、平和的な関係に向けた最善の希望」と絶賛し、1914年の

段階で不戦条約が存在していたならば第1次世界大戦は防ぐことができただろう、とまで述べています。この条約はアメリカ国民の広い層からも支持されました。国際連盟への加盟に反対したレヴィンソンがこの条約に賛成したのは、条約が「侵略」という限定をせずに「国家の政策の手段としての戦争」一般を禁じたこと、さらに条約違反国に対する制裁のための戦争を定めなかったからです。レヴィンソンらの考えでは、アメリカの最高裁は100年以上にわたって州ごとの争いを調停してきた、だから世界の各国もアメリカの最高裁のような国際裁判所をつくり、その裁定に従えば戦争はおこらない、というものでした。

こうした面から日本でも不戦条約については、一面では「国際法における重大な原理的転換を意味するものであり、国際法史上画期的な出来事」（大沼保昭『戦争責任論序説』）との評価もなされています。また、不戦条約の最大の意義は、「戦争が単に道義的に非難され得るばかりでなく、国際法上違法であるとする観念を否定できない時代を到来」させ、自衛権の主張も国際法上自己の行動は不戦条約に違反していないという立証を要するようになったとし、その積極的意義を指摘する声もあります（深瀬忠一『戦争放棄と平和的生存権』）。

そのように戦争を一般的に禁止した制度としての意義は大きいといわねばなりません。しかし別の見方もあります。実際にはそこで禁止された戦争が具体的に如何なる戦争かが明確ではないからです。「利己的、恣意的な戦争」（ブリアン演説）ないし「侵略戦争」（フランス原案）と言い換えても漠然としています。

そうしたことから、アメリカでは不戦条約締結のときから、これについて次のような評価もありました。（三牧、前掲書）

「不戦条約を支持した人々の多くは、主要な国家が不戦を誓約した事実に、漠然と平和のムードを見出したに過ぎなかった。ハイラム・W・ジョンソン議員が、上院で不戦条約が圧倒的多数で可決されたのは『重大な意義を持つものと見なされたからではなく、その逆の理由、すなわ

ち実質的に何の意味もないものと見なされたからである』と皮肉を交えて述べたように、上院の議員たちは不戦条約が空虚な内実しか備えておらず、既定の安全保障政策に具体的な変更を迫るものではないという了解の下にそれに支持を与えた。後に、締約国の具体的な義務を何ら明記せず、漠然と平和を誓った『諸国家のキス』と批判されることになる不戦条約は、まさにそのように具体性を欠いたものであったからこそ、アメリカで議会や世論の広範な支持を集めたのである。」

■当事国の判断にもとづく自衛権行使

　こうしたあいまいさを指摘されるのも、条約によって否定されたのは「国家の政策としての戦争」だけで、「自衛権」は承認されたままであり、また規約に反する行為をおこなった場合でも、何ら制裁を課す規定はなかったことにある、といっていいでしょう。

　不戦条約を評価するうえでとくに重要なのは、このこととの関連で「自衛権」をめぐる論議が、初めて本格的に行われたことです。「自衛権は非常に重要な意味を持ち、いろいろと問題にされている。しかし、これは比較的に最近のことである。だいたいに、第1次大戦のあとからである。わけても、1928年の不戦条約のときからである。この条約によって、戦争や武力の行使が広く禁止され、自衛権によるものでなければ、それらを行うことができなくなった。そのために自衛権が特に重要な意味を持つようになった」（横田喜三郎『自衛権』）というのです。

　「自衛権」という言葉そのものが、この時までなかったわけではありません。

　たとえば、法律の教科書などでは早い時期に「自衛権」という言葉が使われた例としてはカロライン号事件（1837年）があげられます。これは、当時はイギリスの植民地だったカナダの独立運動支援にあたっていたアメリカ船籍のカロライン号を、イギリス軍がアメリカの港でとらえ、ナイヤガラの滝に投げ込んだ事件で、アメリカ人乗客が被害を受けまし

た。アメリカは、カロライン号襲撃を「自衛権の行使」と主張するイギリスにたいし、それが自衛権の行使であることを証明をするように求めました。その際にアメリカが求めたのは、①イギリスにとって「さし迫った危険」があったこと、②「ほかの手段を選ぶ余裕がなかった」こと、③「必要最小限に限定され、明確にその範囲内」であったこと、の3点を満たしているかどうか証明することでした。結局、イギリスが遺憾の意を表明し事件は決着しました。

　しかし重要なのは、アメリカが示した3点は「自衛権」行使の構成要素とはいえないことです。もともとカロライン号事件は、アメリカ政府がイギリスに攻撃をしかけて起こったものではなく、アメリカの領域内でイギリス軍が起こした事件です。イギリスの行為は、明らかに他国の領域を侵犯したものであって、「自衛権」とはいえません。一方、アメリカがあげた3要件は、イギリスの行為が、かりに「自衛権の行使」と認められた場合に、それへの対応が武力の行使を必要とするほどのものかどうかの判断基準を示したものであって、「自衛権」の意味そのものを明らかにしたものではありません。

　こうしてまだその意義が共通認識にはなっていない「自衛権」を不戦条約でどう扱うかをめぐっては、当初からブリアンとケロッグの間でも食い違いがありました。28年4月に両国がそれぞれの条約案を出し合いましたが、ブリアン案は、①国家の政策の手段としての戦争を放棄するという規定は、自衛権を害するものでないことを条約に明記する、②条約に違反する国家に対しては戦争に訴える、というものでした。これに対してケロッグ案は、①米条約案も自衛権を制限していない、②しかし、「この権利はあらゆる主権国に固有のものであり、あらゆる条約はこの権利を内蔵しているのであるから、条約の規定に明記されているかどうかを問わず、締約国は攻撃や侵入から自国の領土を守ることができるのである。その場合、自衛の戦争に訴えることができる場合かどうかの判断は、当該国だけが下すことができる。しかし、この自明の権利を条文

中に書き込むことは、自衛の対象である侵略を定義しなければならないので避けるべきである。」として、「困難な定義をあえてする必要はない」というものです。

ケロッグの主張は、明らかに矛盾しています。

第1に、自衛権を「自明の権利」といいつつ、「自衛の対象である侵略を定義」することは困難だとして避けていることです（ちなみに、国連は「侵略に関する定義」を採択しますが、それは国連発足から19年後の1974年の総会です［89ページ参照］）。つまり、自衛権の意味については、決して国際社会に共通した理解があったわけではありません。

第2は、「自衛権」についての共通した理解が確認されないまま、「自衛権」を行使するかどうかの判断を当事国の判断にゆだねるとしていることです。これは、当事国が「自衛のため」と主張すれば、すべて戦争は「自衛の戦争」になって制裁の対象にはならないことを意味します。「自存自衛の戦争」として第2次大戦に突入していった日本政府の姿勢はその典型例です。

もっとも、「アメリカの主張すらも、当時においてはかならずしも当たり前とはいえなかった、と考えられます。むしろ、アメリカの主張が不戦条約に参加した国々に受け入れられた事実をとおして、自衛権は主権国家に固有の権利、とする解釈がとおるようになった、と考えられるべき」（浅井基文『集団的自衛権と日本国憲法』）と、その積極的意味を指摘する声もあります。

■制裁手段定めず「道徳観」に依拠

さらに、不戦条約がその実効性に疑問を投げかけられる大きな原因は、集団安全保障の重要な要素であるとされたにもかかわらず、戦争禁止の規定に違反して戦争に訴えた国に対する制裁を一切規定していないことです。結局は、国際的な連帯により為政者の責任意識を強化し、「道徳的諸力」と「世論」の統制力に期待する（ブリアン）以外にないという

のです。当然、同じく戦争を「違法」としながら、罰則規定をもつ国際連盟にも加盟しているフランスと、加盟していないアメリカの間には、規約違反に対する制裁を受けるか受けないかの決定的な違いが生ずることになります。

　もちろん、規約そのものに制裁を規定すべきでないとするアメリカの主張が受け入れられた背景には、18世紀いらいの「無差別戦争観」が克服されておらず、さらに、多くの植民地支配をつづけるための武力行使は規制したくない、とする大国の思惑がありました。とりわけ、大国は植民地支配を少しでも否定、もしくは規制するような主張には敏感に反応しています。たとえばイギリスは、不戦条約の批准にあたって、「世界のある地域の福祉と保全は、わが国の平和と安全にとって特別の死活的な利害関係を有する。わが政府は過去において、かかる地域への干渉は放置できないものである。かかる地域を攻撃から保護することは、英帝国にとっては自衛の措置」との留保をしています。アメリカでも、上院外交委員会の批准にあたって、「我が国の国防体系の一部をなすモンロー主義」を確保することを条件としました。

　こうして英、独、伊と日本政府はアメリカの自衛権にかんする主張を支持し、条約への加入通告を行います。

■日本国内で提起された２つの異論

　日本でも、不戦条約の批准をめぐっては２つの大きな異論が提起されました（伊藤成彦『物語日本国憲法第九条』）。

　一つは、条約第１条に登場する「其の各自の人民の名に於て」という用語が、天皇主権の明治憲法の下では「国体に違反する」という指摘です。これは当然予測されたことではありますが、それに対しては東大教授の高木八尺、美濃部達吉ら学界からの反論もありました。たとえば、美濃部達吉は、「不戦条約の締結国としては、イギリス、イタリアのごとき日本と同じく条約締結権がもっぱら国王に属している君主制の国も

ある。しかもこれらの諸国も、異議無くこの文言を承認していることから見ても、それが条約締結の権を人民に移す意味を含んでいるものではないことは明瞭であろう」と主張しました（論文「不戦条約字句の問題」）。こうして彼らは不戦条約を日本政府がそのまま批准することを主張しました。

しかし、すでに第1次山東出兵によって中国への侵略拡大にのりだし、そ

中国山東地方

れを天皇制の権威によって「合理化」していた当時の田中義一内閣のもとでは、こうした意見に耳を傾ける余裕すらなく、1年遅れて1929年7月に提出された批准書には、「其の各自の人民の名に於て」は「帝国憲法の条章により観て日本国に限り適用なきものと了解することを宣言」するとの留保がつけられました。

もう一つの問題は、この条約制定過程において、イギリスは自衛権の範囲を植民地全体に、アメリカは南北アメリカを含むと宣言したことにならい、日本の外務省も「在支臣民保護のための出兵、満蒙に於ける権益擁護のみならず、満蒙における治安維持も、不戦条約で禁止されていない自衛権に該当する」との見解をまとめます。後に「満州事変」を引き起こしていく重大な布石となりました。

しかしながら、ともかく一般的に戦争を違法とみなす論議がさしたる抵抗もなく広がりをもって国際社会でスムーズにおこなわれていた背景には、第1次大戦後ますます高まっていた国際的な平和の世論が背景にあったといっていいでしょう。第1次大戦から第2次大戦開始の1939年のあいだは「戦間期」といわれますが、とりわけその前半の1920年代は、国際協調が重視されました。しかし、それは同時に、英仏が第1次大戦で得た権益を維持、確保しようとするための平和と安定であったともい

えます。

　ところが、1929年に大恐慌が起こって資本主義経済の矛盾が噴き出すや、第1次大戦後に築き上げられた平和への努力はあっさりつき崩されていきます。

■「満州事変」決議に反発し国連を脱退

　日本は日露戦争によって獲得した南満洲鉄道およびその沿線各地の権益が、中国国民党の進出によって脅かされはじめたことに警戒感を抱くようになり、1931年9月18日、関東軍がでっちあげた南満州鉄道爆破事件（柳条湖事件）を口実に本格的な中国侵略を開始します。日本政府はこれを「事変」とよび、連盟規約や不戦条約が禁止する「戦争」ではないこと、さらにアメリカとイギリスが「特殊利益地域」には不戦条約は適用されないとしているように、日本の行動も「自衛権の行使」と主張しました。（以後、41年12月の対米戦争まで「戦争」の言葉を使わず「事変」の言葉で押し通しています。）

　しかし中国も国際連盟の加盟国です。9月21日、連盟規約第11条に基づいて事件を連盟理事会に付託しますが、イギリスやアメリカは、当初、この中国の要求をとりあげて日本を非難するようなことはしていません。大恐慌で高まったそれぞれの国内の労働者のたたかいへの対応に追われていただけではなく、根本的には同様の行為を海外でおこなっていたからです。イギリスのサイモン外相は、国際連盟が日本への制裁措置をとることを阻止する方針をもっていたといわれます。

　米英などが厳しく日本を非難するようになったのは、日本が上海など中国にたいする侵略を拡大し、米英などの権益を侵すようになってからです。また連盟規約11条は"紛争当時国を含む全会一致"を決議成立の要件としているため、日本の反対票によって有効な決議の成立を見るに至りませんでした。そこで日本軍はさらに1932年1月、満州を制圧、清朝最後の皇帝溥儀を擁して「満州国」を名乗らせます。

　一方、31年12月になって、連盟は事態調査のためにリットン卿を団長とする5人の調査団を満洲に派遣しますが、その調査報告書が総会に提出されたのは事件発生から1年2ヵ月を経た1932年11月です。総会はこの報告書を賛成42、反対1（日本）、棄権1で採択しました。この場合の議決は規約第15条に基づいて行われたため、紛争当時国（日本）の反対票は拒否権の力を持ちえなかったためです。この時、総会が採択した決議は、31年9月18日の日本軍の行動は、自衛権に基づく行動と認め得ないし、それ以降の事態の進展も中国側に責任がない、などと日本の軍事行動を法的根拠のないものとしています。しかし、結論としては連盟規約に違反したものではないとして、事実上日本の行為を容認するものでした。それにもかかわらず日本は決議を不服とし、連盟を脱退します。

　こうして国際連盟規約も不戦条約も日本に効果的制裁を行なえず、平和の破壊行為をくいとめることができませんでした。

■イタリアのエチオピア侵略の場合

　対称的に、連盟の歴史上ただ一件、約束に反して戦争を仕掛けた国と認定され、規約第16条にもとづく制裁の対象となったのは、1935年10月のイタリアによるエチオピア侵略です。

　1934年12月5日、イタリア領とエチオピアとの国境付近で発生した武力衝突を、イタリアはエチオピアが先に攻撃を仕掛けてきたと主張、イタリア、エチオピアの双方が連盟に調停を求めたものの成功しないまま時が過ぎ、10月3日、イタリア軍が大挙してエチオピアに公然と侵攻する事態が発生しました。9月28日にエチオピアがイタリア軍の増強に対して出した動員令が、イタリアに対する戦争挑発を構成するというのが理由です。

　この新たな事態に連盟は6ヵ国委員会の結論にもとづき、イタリアの行為は連盟規約の紛争の平和的解決、裁判、紛争解決手続き（第12条、13条、15条）に違反して行われたものであることを、イタリアを除く全

理事国の賛成で承認し、全加盟国に向けてこの決議に従って規約第16条にもとづく制裁を適用するよう要請しました。これを受けて総会も10月9日、50ヵ国の賛成によって経済制裁の実施を決議しました。

　その後、加盟国に勧告された制裁の内容は、（1）武器弾薬の対イタリア禁輸、（2）イタリアに対する貸付、クレジット金融取引の禁止、（3）イタリア製品のボイコット、（4）イタリア向け商品のうち、一定のものの禁輸（石油および重要な1次生産品を除く）等でした。ただ1921年決議によって制裁の実施は義務ではなく、各国が自由に判断できるものとされたため、この制裁の各内容を忠実に実施した国としない国とがあらわれ、またアメリカのように連盟外にあって公然とイタリアと貿易をつづけ利益を挙げる国も出現し、制裁は十分な効果をあげることはできませんでした。

　軍事行動の性格や仲裁の有無等の相違はありましたが、満洲事変とエチオピア事件を比べた場合、両者間に第16条にもとづく制裁を適用すべきかどうかを判断するうえで重要な差異は存在していません。にもかかわらず、その適用にかんして正反対の結論となったことについては、次のような指摘がなされています（西川吉光『紛争解決と国連・国際法』）。

　①英仏にとって、アフリカは連盟を支える重大な利害関係を有する地域であるのに対し、満洲は極東地域での日中間の抗争であり、英仏にとっての利害関係が少ない、②イタリアの場合、その侵略意図がムッソリーニの演説などによって再三明確に表明されていたのに対し、日本の場合は、外務省が侵略意図のないことを内外に表明していた、③日本は満洲侵略を連続的に拡大していったため、どの時点で規約違反の戦争に移ったかの見極めがはっきりしなかったのに対し、イタリアの場合は、1935年10月3日の時点で越境行動がなされ、規約違反の戦争と認定しやすかった。

　この両ケースに見られる相違は、連盟規約の適用にあたっても、それが大国の利害や政治的判断によって大きく影響されていたことを示すも

のです。

　一方、同じ1933年、ドイツでは２月のナチスによる国会放火事件をきっかけに民族・国家保護法、３月には「授権法」が制定され、憲法を無視する法律が自由に制定できるようになりました。こうして国会の権限を無力化して独裁体制を確立したヒトラーは、36年のスペイン内乱への干渉戦争を手はじめに、国民の権利を徹底的に抑圧しながら侵略戦争を拡大していきました。

　1939年９月、ポーランドへの侵略を開始したドイツにたいし英仏が宣戦を布告、第２次世界大戦の火ぶたが切って落とされました。

　結局、国際連盟も不戦条約も第２次大戦を阻止することはできませんでした。ちなみに不戦条約に最初に署名した15ヵ国のうち、第２次世界大戦に加わらなかったのはアイルランド１国のみでした。実際的には、国際連盟が民族独立運動や社会主義政権、さらには各国の労働運動まで敵視するものとなり、結果として英仏の世界支配の道具の役割を果たすこととなったことは否定できません。しかし、国際連盟から不戦条約への国際的流れは、戦争の違法化への道を切り拓いたものとして、その後の人類史の進歩にとって大きな一歩を踏み出す意味をもったことは否定できません。

3

国際連合と集団的自衛権

国連総会会場

（1） 第2次大戦の勃発と国際連合

■主要国がファッショと反ファッショに分かれて

1939年9月、ポーランドに侵略したドイツに英仏が宣戦を布告、第2次世界大戦が始まりました。当初、日本はこの戦争に中立の立場をとりました。しかし、日本のアジアにおける侵略行為が広がり、英・仏・米等のこの地域における権益を侵害するようになるや、これらの国々も日本への批判を強めるようになり、インドシナ半島と中国全土からの撤退を求めるにいたります。

これに対抗して日本は、1941年12月1日の御前会議で、「帝国は現下の危局を打開して自存自衛を全うし大東亜の新秩序を建設するため此の際対米英蘭戦争を決意」し、12月8日、米真珠湾への爆撃を決行しました。40年9月には日・独・伊の3国同盟条約が結ばれていましたが、この日本参戦を機にファッショ国の連合が形成されることとなりました。また、ドイツがこの年6月にソ連への侵略戦争を開始した結果、ソ連と米・英・仏も連合することとなり、反ファッショ連合としての性格を明

らかにします。

　こうして第2次世界大戦は、世界の主要国が2つの軍事ブロックに分かれて正面から対決するものとなり、その規模、残虐性において、人類史上未曾有のものとなりました。この戦争にまきこまれた国は60ヵ国、人的犠牲は最大の被害をこうむった中国、ソ連の数字があいまいなため、3500万人〜6000万人にのぼると推計されています（『ブリタニカ大百科事典』）。イギリス1国の総人口が6千2百万人（2010年）であることと対比してみると、そのすさまじさは明白です。最後の戦いの場となった日本では、アメリカによる広島、長崎への人類初の原爆投下という残虐行為までおこなわれました。

■大戦後の世界構想を論議した米英の大西洋会談

　日・独・伊の強力な軍事ブロックと戦うには、連合国の側も、第1次大戦以上に国民を総動員する総力戦を強いられることになりました。そのためには、この戦争がファシズムとの闘争であるとの大義を鮮明にするとともに、戦争勝利後には国民の生活と権利を向上させること、さらには安定した平和をもたらすことなど、戦後の国際社会のあり方についての構想を明らかにする必要がありました。それをうちだしたのが、日本軍による真珠湾攻撃に先立つ1941年8月14日、ルーズベルト米大統領とチャーチル英首相が大西洋上で会談して発表した「大西洋憲章」です。つまり、かなり早い時期から戦争はファシズム対反ファシズムという構図を明らかにしたことになります。

　憲章は、連合国の国民にむかってファシズムとの徹底した戦いをよびかけるとともに、「すべての国のすべての人が、恐怖と欠乏からの自由のうちに、かれらの生を全うすることを保障するところの……平和」をめざす（第6項）とし、第2次大戦後の世界がめざすべき課題として、領土不拡大、民族自決、通商・資源への平等参加、経済面での国際協力、海洋の自由、武力行使の放棄と軍備縮小等を列挙しています。そして最

後の第8項で、「陸、海または空軍が、自国の国境外に侵略の脅威を与える、また与えうるような国家によって引き続き用いられるならば、将来の平和は維持され得ない」との認識にもとづき、「世界中の国民は実在論的な理由であれ精神的な理由であれ武力の使用を放棄する」との原則を明確にし、「一層広汎かつ永続的な一般的安全保障制度が確立」するための国際平和機構を設立するとの方針を打ち出しています。ソ連、中国（中華民国）もこれを支持し、さらに22ヵ国が加わり、ここに反ファッショ連合が正式に形成されました。

　そして1943年9月のイタリアに降伏によって戦況が連合国有利に傾き始めた43年10月、モスクワで米英ソ3国外相（後に駐ソ中国大使が参加）が会談し、早い時期に平和愛好国の主権平等を基礎とした一般的国際平和機構を樹立することが合意されます。さらに44年8月から10月にかけて4ヵ国代表はワシントン郊外のダンバートン・オークス邸で会合。世界の平和と安全の維持のため仏を加えた5大国を常任理事国とする安全保障理事会を新機構の中心に据えることや、この理事会に強大な権限を付与することなど、憲章の骨格で合意しました。45年2月のヤルタでの米英ソ3首脳の話し合いの結果、紛争の平和的解決に関しては、紛争当事国の拒否権を制限し、常任理事国の5大国全部の賛成を必要とするとの大国一致の原則を主張するアメリカ案にソ連も同意したためです。

■国連憲章がねりあげた集団安全保障体制

　こうした準備段階を経た後の1945年4月25日から、サンフランシスコにおいて国際連合創設のための国際会議が開催されました。ここで、ヤルタ会談で補完されたダンバートン・オークス案が討議に付され、国連憲章としてまとめあげられていきました。そして会議最終日の6月26日に参加50ヵ国代表が草案に賛成（ポーランドが後に調印し51ヵ国に）、同年10月24日の憲章発効により加盟51ヵ国をもって国際連合が発足しました。

　この頃ドイツもすでに降伏していましたが、日本はこうした世界の動向とはかかわりなく、前途への見通しもまったくないまま泥沼の戦いをつづけていました。

　「われら連合国の人民は、われらの一生のうち2度まで言語に絶する悲哀を人類に与えた戦争の惨害から将来の世代を救い…」との前文で始まる国連憲章ですが、「戦争」という言葉を使っているのはここだけです。本文では「武力による威嚇又は武力の行使」という言葉で統一しています。不戦条約で「武力の行使」という言葉を「戦争」に置き換えたことを悪用し、日本が、「満州事変」という言葉で侵略行為の「正当化」を企てたことなどを教訓に、厳密な定義をおこなうことに神経がはらわれたのです。

　憲章は、「国際の平和および安全を維持する」ために「平和に対する脅威の防止および除去」することを共通の目的に掲げ、「侵略行為その他の平和の破壊の鎮圧とのため有効な集団的措置」をとるとしています（第1条第1項）。これは「集団安全保障」の中味を簡潔に条文化したものです。

　そして、すべての加盟国に、「その国際紛争を平和的手段によって解決する」ことを義務づけ（第2条3）、「その国際関係において、武力による威嚇又は武力の行使を、いかなる国の領土保全または政治的独立に対するものも……慎しまなければならない」と、武力の行使を禁止しています（第2条4）。

　注目すべきは、一般的な「武力の行使」だけではなく「武力による威嚇」も禁止していることです。当然、軍事力を背景にした「圧力」によって自国の要求に応じることを強要する「抑止力」論などは認められるはずはありません。とくに、1946年1月の国連総会が全会一致で採択した第1号決議「国連原子力委員会の創設を求める決議」は、創設される原子力委員会への委任事項の一つとして「原子兵器および大量破壊に応用できるその他の主要兵器を国家の軍備から廃棄させること」を求めて

います。45年8月に広島、長崎に投下された原爆の破壊力、残虐さに強い衝撃を受けた世界の人びとは、そうした兵器を保持することは許されず廃棄されなければならないとの強烈な印象をもったのです。

■憲章違反制裁に強大な安保理の権限

　国連憲章は、国際連盟が第2次大戦を防げなかった主要な理由の一つが、紛争の平和的解決の原則を踏みにじった国への制裁があいまいだったことを教訓に、紛争の処理に関しては安全保障理事会に権限を集中し、しかも強大な権限を認めることとしました。つまり、「平和に対する脅威、平和の破壊または侵略行為の存在」するか否かを認定する権限は安保理のみにあり、その存在を安保理が認定した場合、安保理は「平和および安全を維持し又は回復するために、勧告をし、又は第41条〔非軍事的措置〕および第42条〔軍事的措置〕に従っていかなる措置をとるかを決定する」（第39条）としています。そして、「加盟国は、安全保障理事会の決定をこの憲章に従って受諾し且つ履行することに同意」しなければなりません（25条）。個々の出来事について、安保理が認定し、決定したならば、勧告の場合を除いて、全加盟国はその決定にしたがって行動しなければならないのです。つまり平和の維持に関する権限は安保理に集中されているのです。

　当然、絶大な権限を持つ安保理の構成が問題になります。憲章はそれを米・英・仏・ソ・中の5つの常任理事国と、任期が2年で総会によって選出される6ヵ国からなる非常任理事国で構成（65年の憲章改正で10ヵ国に）するとしています。そして会議における決定は、国際連盟の全会一致と違って9ヵ国の賛成によるとしていますが、さらに常任理事国である5ヵ国には拒否権が与えられ、5ヵ国のうちの1国でも反対すれば、安保理はいかなる決議も採択できないという大国一致主義がとられます。国際の平和と安全という重要な問題では、まず主要な大国の一致がなければ、国連そのものが成り立たなくなるとの考えによるものです。

しかしその結果、米ソ冷戦時代のように大国間の利害が異なる場介には、安保理事会は何の決定もできないことになります。実際、第43条にもとづく正規の国連軍はいままで1回も組織されていません。

　当然のことながら憲章審議の過程では、中小国は、「主権平等の原則」（2条1項）と矛盾するとして、せめて大国の役割を緩和させるため非常任理事国を14または15に増やすよう要求しました。しかし大国はより少ない数に固執し、65年の憲章改正で10ヵ国に増やすにとどめています。

■討論をつうじての主要な修正

　討論では、参加国からの提案にもとづき憲章原案にたいする重要な修正もおこなわれました。その主要なものを見てみます。

　第1は、通商産業、労働、人道、保健などにかんする多角的な国際協力をすすめるために、国連の主要機関として経済社会理事会を設置するとしたことです。これは大西洋憲章にも見られたように、民主主義や人権の侵害が戦争につながる重要な要因となっているとの認識に基づくものです。国連憲章発効の直後に調印されたユネスコ憲章（国際連合教育科学文化機関）でも、「ここに終りを告げた恐るべき大戦争は、人間の尊厳・平等・相互の尊重という民主主義の原理を否認し、これらの原理のかわりに、無知と偏見を通じて人間と人種の不平等という教義を広めることによって可能とされた戦争であった」と述べています。この機構の設置は、5大国が拒否権を持つ安全保障理事会に平和に関する権限が集中させられることに対抗し、中南米や中東、カナダなどの国々が強く要求して実現させました。

　第2は、「人民の同権および自決の原則の尊重」が第1章の「目的及び原則」に追加されたことです。じつは、これは大西洋憲章で強調されていたものであり、当然、原案にもりこまれるべきものでした。しかし、多くの植民地を支配するイギリスやアメリカは、これまでと同様、意図

的に原案からこの原則を欠落させてしまいました。ソ連があらためてこの問題を持ち出したために、しぶしぶと憲章の原則としてその復活に応じざるをえなくなったのです。その結果、これが戦後国際社会で中小国家の民族自決権を確立するたたかいの大きなささえとなったことはいうまでもありません。

しかし、憲章審議のなかでは、これまでさまざまな障害を乗り超えて発展してきた集団安全保障という考え方とは相容れないどころか、これに逆行する新たな重大な障害ももちこまれました。またもや「自衛権」をめぐる問題です。憲章審議に入ってから、アメリカの強い主張によって追加された第51条の個別的・集団的自衛権に関するつぎのような規定です。

> 第51条　この憲章のいかなる規定も、国際連合加盟国に対して武力攻撃が発生した場合には、安全保障理事会が国際の平和および安全の維持に必要な措置をとるまでの間、個別的又は集団的自衛の固有の権利を害するものではない。…

（2）「集団的自衛権」という逆流

■「自衛権」にたいする慎重な配慮

国連憲章原案を討議した主要国のダンバートン・オークス案には、個別の国家が行使する「自衛権」についての規定はありませんでした。ただ、現在の憲章52条に規定されている「地域的取極と紛争の処理」についてはこの時すでに条文化されており、そこには「国際の平和および安全の維持に関する事項」に関し、「地域的行動に適当なものを処理するための地域的取極又は地域的機関」を認めるとしています。しかし、ここでも、「いかなる強制行動も、安全保障理事会の許可がなければ、地域的取極に基いて又は地域的機関によってとられてはならない」と、それは厳密に安保理の統制下にあることを定めています。したがってこの

「地域的取極」がダンバートン・オークス案に持ち込まれたときには、もっぱら地域的な集団安全保障体制—いわば安保理の地域組織と考えられていました。これが後に新たに挿入された「集団的自衛権」にもとづく「地域的取極」と混同され、混乱を招くことにもなります。

　いずれにしても、サンフランシスコ会議に出された憲章原案には、個別の国による「自衛権」に関する規定はいっさいありませんでした。しかし憲章原案が、個別国家の「自衛権」の行使を否定していたわけではありません。「国際連合よりもはるかに公権力のもとに集中、統一、かつ独占されている国内社会の場合にも、個人に正当防衛権が認められることは、理論的にも実際的にも疑いのない事実である。同じように、国際社会で、いかに高度の集団安全保障の立場が実現しても、右の個人の正当防衛権にあたる個々の国家の自衛権が否認されることは考えられない」というわけです（高野前掲書）。

　ただ、個人の正当防衛のための実力行使は、事後に司法機関の統制をうけますが、国際法上の自衛権は事後に公の機関によって認められるというようなものではありません。せいぜい、「もしその国の主張が充分に理由のあるものであるならば世界はその行為を是認し、これを非難することはないだろう」（横田喜三郎『自衛権』）という基盤の弱いものです。

　憲章も前述のように、「いかなる国の領土保全又は政治的独立に対する」武力の行使又は武力による威嚇も「違法」なものであることを明示（第2条）しています。したがってそうした「違法」行為に対し国家が対抗措置、すなわち自衛権を行使するのは当然ということになります。そして国際法上すでに、自衛権発動の要件として、①外部からの急迫不正な侵害が存在すること、②自国防衛のためにやむをえずおこなう実力行使であること、③侵略行為と反撃行為との間に均衡性があること、という基本点については18、19世紀いらいほぼ共通の認識になっていました（西川吉光『紛争解決と国連・国際法』）。

したがってあらためて自衛権の規定をおかなければならない特別な理由はありません。そのため「51条のもとでは、安保理事会が『国際の平和および安全の維持に必要な措置をとるまでの間』ということにされている。言い換えれば、違法な武力攻撃に対処するのは集団的措置によるのが原則であり、自衛権はそうした集団的措置がとられるまで例外的、暫定的にみとめられる保全措置なのである。また、憲章が規定する紛争の平和的解決義務（第2条3、第33条）と武力行使禁止原則（第2条4）からして、代替的な平和手段が利用可能である場合には、武力による自衛権行使は認められない」「第51条の自衛権は第2条4が規定する武力行使原則の例外であるというその『文脈』からしても、このような解釈が正当化される」ということになります（松井芳郎前掲書）。個別の国家の自衛権も無条件で容認されるわけではないということです。

■「2つの矛盾解消」めざしアメリカが「発明」

　ところが、憲章案の審議のなかで、アメリカが突如として前述の第51条を挿入することを主張しはじめたのです。そのため、従来からの個別国家の「自衛権」を「個別的自衛権」とよび、これとは区別するため「集団的自衛権」というまったく新しいよび名が登場することとなりました。

　高野雄一は、「これ〔集団的自衛権〕がいかなる権利であるかは必ずしも明らかでなく、議論もある。従来の国際法にも『集団的自衛権』というものは見当たらない。憲章がこの権利についても『固有の』といっていることがさらに議論を繁くしている。ただ、明らかなことは、この言葉と概念がサンフランシスコ会議に至って、きわめて特殊な事情の下に、はじめて生まれたこと、むしろ『発明』されたことである。サンフランシスコで憲章に新たに自衛権の規定がおかれたのは、前述の自衛権に対する制限と統制を設ける意味（つまり、その行使を「武力行使が発生」してから安保理が「必要な措置をとるまでの間」に限定）を除いて

は、9分9厘この『集団的自衛権』を認めるためであった」と述べています（高野、前掲書）。

では、その「極めて特殊な事情」とは何でしょうか。

それは、自衛権の行使を含む加盟国によるすべての武力行使が安保理の承認を得なければなりならないこととなり、5大国の1つが反対すれば、それすらもできなくなることへの危惧です。たとえれば、A国が自衛権の行使としておこなう武力行使に、A国と軍事同盟を結んでいるB国が参加すれば、もはや個別の国の自衛権の行使というわけにはいきません。

実際には国連憲章の審議がはじまり、そのなかで5大国に拒否権を認めることが明らかなったとき、ラテン・アメリカの国々から、そのことへの異議がだされ、それが撤回されなければ国連に参加しないといいだして、「ラテン・アメリカの危機」といわれる事態が生じたのです。その具体的な経過を、アメリカ代表団の一員としてこの会議に参加し、後に日米安保条約推進の中心的役割を果たすことになるジョン・フォスー・ダレスは次のように説明しています。

「サンフランシスコ会議の時、われわれは、当時合衆国政府が2つの矛盾して相容れない行動をとっていたという事実に直面した。その一つは、5大国の拒否権を定めた1945年2月11日のヤルタ会談の決定であった。この決定は、ダンバートン・オークス提案と読み合わせる時、次のようなことを意味する。すなわち、地域的協定の下においては、いかなる平和強制措置も、常任理事国である5大国全部が同意する安全保障理事会の表決なしには、行われ得ないということである。それがどんなことを意味するかを、次に例示しよう。

いま、かりに共産党が南米諸国中の一国の支配権を握ったとすれば、その政府はソビエト共産党の黙認と支持の下に、その隣国に対し侵略戦争を開始することができ、しかも、合衆国又は他の米州条約調印国は、ソ連の同意がなければ、平和のための強力な行動をとることができない

のである。……

　そこでわれわれは、適当な方式を見出し、これに対するソ連政府及び
ラテン・アメリカ代表団の同意を得るという難事業に当面した。いろい
ろな意見が出たが、最後に意見の一致を見た方式は、現在憲章第51条と
して掲げられているものであり、それは、自衛のための『集団的』権利
を規定している。……」（ダレス『戦争か平和か』）。

　では「2つの矛盾」とは何と何の矛盾でしようか。それは一方でアメ
リカはここでダレスが強調しているように、サンフランシスコ会議にむ
けて5大国の拒否権を憲章に盛り込むために積極的に行動しましたが、
その結果、ソ連も拒否権をもつようになったのです。ところがアメリカ
はその一方で、このサンフランシスコ会議直前の45年3月、伝統的にア
メリカの勢力範囲内あった南米の国々20ヵ国をメキシコ市郊外のチャ
プルテペック城に集め、その中の一国に対して武力攻撃がなされた場合
には、締約国全部に対する攻撃とみなし、「共同防衛」の措置をとるこ
とで合意していたのです。つまりここに集まった国々の軍事同盟条約が
締結されたのです。国連憲章が原案のまま採択されれば、この南米諸国
の「共同防衛」は、そのつど安保理の承認を得なければならなくなり、
そこにはソ連の拒否権がひかえているというわけです。そこでアメリカ
は51条を挿入し、アメリカを含む南米の「共同防衛」も「自衛権」の行
使として安保理の承認のあるなしにかかわらず軍事的対応ができるよう
集団的自衛権という方式を「発明」したわけです。

■アメリカの行動には制約なし

　国連憲章採択後、ダレスは上院外交委員会の公聴会で次のような証言
をしています（西崎文子『アメリカ冷戦政策と国連』）。

　「安保理事会はアメリカの同意がなければ行動がとれないのであるか
ら、西半球における行動をまず安保理事会を通してとるか、それとも安
保理事会の行動に反対票を投じ、その結果として、必然的に行動を米州

諸国の防衛条約に委ねるようにするかといった決定は、実際のところアメリカが常任理事国であるという立場上、自由に選択できる」。

　具体的にはアメリカの同盟国に武力攻撃が発生した場合、アメリカは集団的自衛権の名のもとに同盟国と一体となって武力介入することになります。そのとき、安保理がアメリカの行動を承認する場合には問題ありませんが、反対する場合には、アメリカは拒否権を行使して安保理が何の決定もできないようにするということです。

　国連は強力な集団安全保障体制をめざした組織ですが、それは従来の国際法の常識をこえて個別の国家による軍事力行使をきびしく制約することによって可能となります。5大国の拒否権を考慮の外におけば、国際連盟にはみられなかった画期的な集団安全保障の体制がつくられたといえます。しかし、それが何らかの事情——政治的対立プラス拒否権で動けないとなると、国際連盟時代のような個別国家による自発的な安全保障すら期待できない破目に陥ります。結果として、「ダンバートン・オークスで打ち立てた高度の集団保障の体制が、サンフランシスコでそれが制限し否定しようとした異質的な個別的保障の原理と、現実の要請の前に、大きくかつ不器用に接合されたのである」（高野、前掲書）ということになります。

■敵対国だけでなく同盟国にも武力介入

　「集団的自衛権」とは、このようにして憲章審議の過程で新たに「発明」された考え方です。アメリカが不戦条約の論議において主張したように、「固有の権利」であるならば、「条約でとくに規定するかしないかに関係なく各国に認められている権利」（高野雄一『国際法概論・下』）のはずです。アメリカが、わざわざ「集団的自衛権」を条文として憲章に盛り込むことを求めたのは、逆に「固有の権利」とは認められていなかったことを、国際社会におしつけるためだったのです。「固有の権利」や「自然権」などと言えないことは明らかです。

しかも、その後の事態が示すように、その「権利」は、アメリカがソ連や中国など社会主義ブロックと対決するためだけに機能してきたわけではありません。アメリカは世界中に軍事同盟を網の目のように張り巡らしましたが、もちろん、それがソ連陣営と対決するためであったことは明らかです。しかし同時に、同盟国であってもアメリカのいいなりにならない政権が生まれるような状況にいたった場合には、武力介入してでもそれを阻止するテコとされてきたのです。

　典型的な例としては、1964 〜 75年にアメリカがおこなったベトナム戦争があります。戦前はフランス、戦中は日本の植民地下におかれたベトナムをめぐっては、戦後も大国による支配権争いがつづきましたが、1954年に米、英、仏、ソ、中の5大国と、ベトナム民主共和国（ベトナム北部）、親仏のベトナム国（ベトナム南部）はジュネーブ協定によって、ベトナム人民の民族自決権を認め全土統一を保障することを約束しました。ところがアメリカは南ベトナムに親米のかいらい政権を育成、その政権と軍事同盟を結び南ベトナムでの支配を維持しようとしました。そのためアメリカは64年8月、アメリカ海軍の駆逐艦が北ベトナムの哨戒魚雷艇の攻撃を受けたとの「トンキン湾事件」をでっちあげ、北ベトナムへの爆撃を開始しました。

　アメリカは最高時54万人の米兵を投入し、第2次大戦中の全使用量の3倍もの砲爆弾やナパーム弾、枯葉剤などを投下するなどの攻撃をおこないました。しかし結果は、ベトナム人民の不屈の反撃と、これを支持し、アメリカの露骨な帝国主義的政策を批判する国際的な批判が広がるなかで75年4月、アメリカは一兵も残さずベトナムから撤退せざるをえませんでした。

　こうした大規模な戦争にいたらないまでも、アメリカは54年にグアテマラ、65年にドミニカ、89年にパナマなど、アメリカから自立しようとする動きに対しては、直接的な軍事介入を行っています。

　当初は難色を示したというソ連がこの集団的自衛権を国連憲章に盛り

込むことを認めたのも、アメリカと同じような意図にもとづくものと言えます。そのため西側の北大西洋条約機構＝ＮＡＴＯの結成とそれへの西ドイツの加盟承認（55年5月6日）によって西側諸国が結束を固めるや、ソ連も間髪をいれずに5月14日、東欧諸国との間でワルシャワ条約機構＝ＷＴＯ（友好・協力および相互援助条約）を発足させました。ソ連はこの軍事同盟に依拠してアメリカが世界中にはりめぐらせた軍事同盟と対抗しただけではなく、68年8月には社会主義建設の自主的探究めざしていたチェコに侵攻するなど、自分の気に入らない政権がうまれかねない場合には、軍事介入することによってそれを阻止するために行動しています。

（3）安保理の機能喪失と総会の役割

　米ソの冷戦激化の影響は国連にそのままもちこまれ、安保理では5ヵ国による拒否権の応酬がつづき、国連の主要な目的である世界の平和を維持するための行動を何らとれない事態が頻発しました。そうしたなか、国連の集団安全保障の機能回復をめぐるさまざまな試みがおこなわれていきます。

■朝鮮戦争——ソ連欠席のもとで編成された「国連軍」

　1950年6月25日、朝鮮半島の38度線で軍事衝突が発生するや、北朝鮮の金日成はスターリン、毛沢東の同意と支持のもと、南北朝鮮の統一を旗印に、38度線を越えて南朝鮮の領域（韓国）に軍を進めました。この不意をついた行動によって、一時は、北朝鮮軍が東南端の一部を除いた朝鮮半島全域を支配下におく事態すら生まれました。

　この事件はただちに国連安全保障理事会で取り上げられましたが、それは北朝鮮の軍隊の侵攻は「平和の破壊」であると認定して北朝鮮軍の撤退を要請、27日には、「すべての加盟国が、武力攻撃を撃退し、かつ

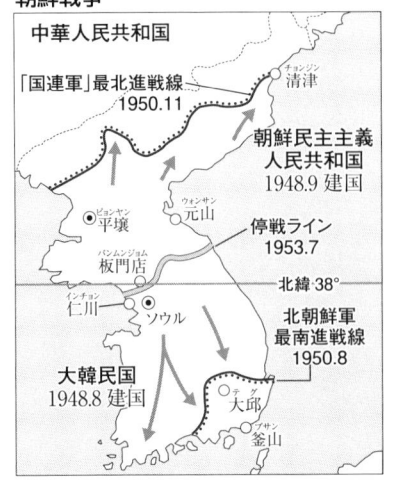

朝鮮戦争

中華人民共和国

「国連軍」最北進戦線
1950.11

清津

朝鮮民主主義
人民共和国
1948.9 建国

「国連軍」最北進戦線
1950.11

平壌

元山

停戦ライン
1953.7

板門店

北緯 38°

仁川

ソウル

北朝鮮軍
最南進戦線
1950.8

大韓民国
1948.8 建国

大邱

釜山

この地域の平和と安全を回復するために必要と思われる援助を韓国に提供する」との「国連軍」編成を求める決議が採択されました。そして７月７日にはこの決議に応じて提供された加盟国の兵力その他の援助を「アメリカの下にある統一司令部」に提供することを求めています。しかし「国連軍」といっても、実態は米軍60万で（多くは日本に駐留していた米軍であり、日本は朝鮮半島出撃の前線基地となりました）、韓国軍200万人、これらに15の同盟国軍を加えていますが、圧倒的に西側中心の部隊でした。

　米ソ冷戦がもっとも厳しい状況におかれているなかでの事態の進行です。つぎつぎとこうした決議が安保理で採択されることを可能にしたのは、1949年に成立した中国の革命政権（中華人民共和国）を国連が承認しないこと理由に、ソ連が会議をボイコットしていたからです。アメリカはソ連の拒否権にジャマされることなく自由に軍事行動を拡大することができたのです。自己の思いどおりにいかないから会議をボイコットしたソ連の戦術が批判されたのは当然です（スターリンは、ソ連がヨーロッパの勢力圏を確保するためにアメリカをアジアでの戦争に引き込んだとも言われます〈不破哲三『スターリン秘史・巨悪の成立と展開』第６巻〉）。

　しかし、ソ連、中国の支持を背景にした北朝鮮の行動に対し、アメリカがこのような軍事行動に出たことは、国際的な緊張を大きく高めることとなったことはいうまでもありません。

　もともと国連の集団安全保障体制は、安保理の決定に基づく拘束力を伴った強制措置＝国連軍の設置を中核として設定されたものです。この

国連軍は、安保理の発議に基づいて安保理と加盟国が「特別協定」を結ぶことによって、「兵力の数及び種類、その出動準備及び一般的配置並びに提供される便益及び援助の性質」が決められます。これが憲章上、本来予定された国連軍です。つまり、加盟国はこの「特別協定」に基づき、そこに定められる範囲に限って安保理の決定する軍事的強制措置の実施に協力する義務があります。その範囲を超えてまで、あるいは協定がない場合には、そのような義務を負いません。こうして加盟国の主権も尊重しておこなわれるのが国連軍の行動であり、ソ連欠席のもとでの決議が有効かどうかの論議とともに、アメリカが一方的に指揮権を握るような軍隊は、予定されている国連軍と異なるとの指摘がなされたのは当然です。

■「平和のための結集」決議──総会を舞台にした駆け引き

しかし50年10月7日、こんどは国連総会が、朝鮮半島における統一政府樹立のためとして、38度線以北までに「国連軍」行動を拡大することを認める勧告を決議し、ついで11月3日、総会はアチソン米国務長官の提案にもとづき「平和のための結集」決議を採択しました（賛成52、反対＝ソ連圏諸国5、棄権＝インド、アルゼンチン2）。アメリカの意図は、ソ連が安保理に復帰した結果、こんどは朝鮮戦争に関する安保理決議がいっさい採択できなくなったため、ソ連の拒否権の及ばない総会の決議をもって代行させようとしたものです。これは国連史上多くの問題を残すこととなりました。

決議はその第1項で、「平和に対する脅威、平和の破壊または侵略行為」があると思われるにもかかわらず、安保理が「常任理事国の全員一致が得られないために」、その平和維持のための「第一義的責任の遂行に失敗したとき」には、総会は「国際連合部隊として勤務するように訓練され組織されかつ装備された部隊を各加盟国がその自国軍隊内に維持する（国内待機軍）」ことを「加盟国に勧告」することができるという

ものです。「勧告」という形をとって安保理の機能の一部を総会にもたせようとするものです。

たしかに侵略にたいする措置の「決定」は安保理のみに認められた権限（憲章第42条）ですが、総会が経済問題、平和問題、その他各種問題について一般的に活動することは否定していません。また、加盟国による軍隊の提供は安保理と加盟国との特別協定（第43条）がなくとも、各国の自発的意思によるものも容認されるというものです。

国際連合の集団安全保障は、安保理事会を主要な機関としていますが、総会の責任、権限をまったく排除しているわけではありません。第11条2項で、総会は、「国際の平和及び安全の維持にかんするいかなる問題」でも、「討議し、ならびに、次のような問題について、1若しくは2以上の関係国又は安全保障理事会あるいはこの両者に対して勧告することができる」としています。ただ安保理が、「いずれかの紛争または事態」について憲章上の任務を遂行している間は、安保理からの要請がないかぎり、総会はその紛争について、「いかなる勧告もしてはならない」としています。つまり、安保理の負っているのが「主要な責任」であるのにたいし、総会が負っているのは、あくまでも「副次的な責任」にすぎません（第12条）。

このような「国連軍」設置を含めて、「国際の平和及び安全を維持し強化するために使用される方法」を研究するために、集団的措置委員会も設置されました（決議第14項）。

しかし結局、決議は採択されたもののそれを具体化する措置をとるまでにはいたりませんでした。アメリカの強引な引き回しに中立的な国々のそれ以上の積極的支持は得られず、しかも朝鮮戦争の長期化、泥沼化とともに各国の熱意は次第に冷めていきました。集団的措置委員会は3回にわたって総会に報告書を提出しましたが、「国内待機軍」に関心を示したのは一部の小国のみにとどまり、ソ連および東欧諸国などは決議そのものを違法と主張しました。

　こうして総会の勧告による軍事的強制措置は、朝鮮戦争の場合が最初の、そして最後の例となりました。

　その後、1956年のスエズ動乱に際して、総会は軍事的措置についての総会の関与にかんし、国際司法裁判所の判断を求めました。その結果出された裁判所の判決は憲章第7条に定める安保理事会の強制措置について総会は介入できないが、その他の平和を維持するための行動は勧告できるというものでした。

　朝鮮戦争そのものは、「国連軍」が北朝鮮の軍隊を押し返し38度線を越えるや、北朝鮮側も「中国人民軍（義勇軍）」の支援を得てまた押し返すなどして二転、三転し、ほぼ38線上で膠着状態となり、各国の朝鮮戦争反対の運動の高まりもあって、53年7月27日、休戦協定が調印されました。この休戦状態は今日までつづき、その終結をめぐる論議が70年近くたったいま、おこなわれています。

　第2次大戦後の東西2つの世界の対立をもっとも鮮明に浮かびあがらせたこの戦争は、一時は第3次世界大戦の危機すら危惧され、死者も南北朝鮮あわせて126万人におよぶなどその犠牲の大きさは第2次大戦いらいとなりました。

　この朝鮮戦争をはさむ時期は米ソの対立がもっとも激しい時期であり、この対立の外で独自の動きをする加盟国の動きも微弱で、総会では賛否の票の割れが機会的にパターン化して動かず、国連は独自の機能を発揮できないでいました。そのため日本を含めて20近い国の国連加盟申請がタナアゲのままという状況も生まれました。

■強まった中立的、非同盟的うごき

　しかし、朝鮮戦争が休戦となり、スターリンの死去（53年3月）、第1次インドシナ戦争終了（54年7月）の頃から、アジアやアフリカに植民地主義打破、民族解放の動きが高まり、それらの国々がつぎつぎと独立を達成し国連に加盟していった結果、国連のなかでも、米ソ陣営の動

きだけでなく、第3の中立的、非同盟的な独自の動きが目立つようになりました。

　こうしたなか、スエズ事件がおこります。スエズ運河の国有化をめぐってエジプトと英仏との間に緊張が高まり、またパレスチナ戦争いらいスエズ運河の通航禁止によってエジプトとイスラエルとの敵対関係が激化していました。そして56年10月、イスラエルがスエズを目指して進撃し、英仏はスエズ地域の安全を確保するとして兵力の投入を始めたのです。

　安保理にはイスラエル軍の休戦ラインからの撤退を求める決議が米ソ双方から提出されますが、ともに英仏の拒否権によって採決が阻止される事態となりました。その結果、11月1日、緊急特別総会がひらかれ、交戦当事者に即時停戦と軍隊の休戦ライン後方への撤退と、全加盟国に対して軍需品の投入その他の、この決議の実施を妨げるいっさいの行為をしないことを勧告しました。さらに、そのことを踏まえ「敵対行為の停止を確保し、監視するための緊急国連軍（UNEF）」を設置する計画を48時間以内に提出することを事務総長に要求し、その結果、設置されました。UNEFは総会がハマーショルド事務総長の報告にもとづいてブラジル、カナダ、セイロン、コロンビアなどにより設けられました。その目的はあくまでも「敵対行為の停止を確保し、かつ監視する」ことにあり、平和の破壊を停止する強制行動をとるためのものではありません。そのため6章と7章の間の中間的措置として「6か2分の1規定」といわれます。

■平和維持活動の整備・定着へ

　スエズ国連軍（UNEF）は、スエズ事件という突発事態に対処するために設けられた組織でしたが、ともかくも動乱の収拾に成功し、以後、このUNEFを基本に、強制行動を目的とはしない平和維持活動のための国連軍の制度化が進みました。ハマーショルド事務総長は1958年10月

15日、UNEF の設置や活動に関して採用された諸原則をもとに、将来の平和維持国連軍作りの指針たるべく「国連緊急軍の設立および活動から得た経験の研究摘要報告書」を総会に提出しました。その主な内容および原則は次のとおりです。

（１）国連軍の編成と派遣、駐留は、関係当事国の合意や了解を前提として行われること（同意原則）

（２）国連軍の構成は、紛争に利害関係を有する国や、安全保障理事会の常任理事国の軍隊を排除すべきであること（大国排除の原則）

（３）国連軍は、国連の任命する司令官の指揮に服し、その行動はすべて事務総長の統括を通じて国連の監督下に置かれること。

（４）国連軍の活動は、受入れ国政府の活動とは切り離されねばならず、これと競合し、または協力してはならないこと（内政不干渉の原則）

（５）国連軍は、受入れ国領土の上空通過権をも含めて活動地域内での移動の自由を有し、同地域への立ち入りおよび通信に対して十分な便益が与えられねばならないこと（行動の自由の原則）

（６）国連軍は武力行使のイニシアティブをとってはならず、武器の使用は、自衛・正当防衛に限ること（武力行使の範囲の原則）

これらの原則は、一部を除いて、その後のコンゴ（1960年）、キプロス（63年）、中東での平和維持活動に適用されています。しかし強制のための軍事力編成にはいたりませんでした。それは西側陣営が総会の場を自己に有利に活用しようとするものであるとして、発言力を強めつつあったアジア、アフリカ諸国が反発したためです。　国連という集団安全保障の機構ができながらも安保理事会の拒否権をもつ米ソの対立がつづく中で、非同盟諸国の大国にたいする不信感が強まり、これらの国のイニシアティブで国連ほんらいの機能の回復しようとする動きがようやく広がり始めたのです。

その具体的なあらわれとして展開されるようになったのは「国連平和

維持活動」（PKO）です。総会または安保理の決議にもとづいておこなわれる点では同じですが、「敵対行為の停止を確保しかつ監視する」ために、「関係国の同意」を得て緊急国連軍を編成する計画を事務総長が作成するというものです。46年のパレスチナ休戦監視機構として始まったこの活動はその後、武装した部隊である平和維持軍（PKF）と非軍事的性格をもった選挙監視団（MOG）などの機能をもつものに多様化していきます。

とりわけ国連創生時には予想もつかなかったソ連崩壊という新たな事態のもとで、かつての大国による植民地支配をイヤというほど体験させられてきたアジア、アフリカ、南米の国々による積極的行動によって国連憲章にもとづく平和の国際秩序をめざす流れが大きく発展しつつあることは確実です。同時にそうしたなかで、日本がアメリカ追随の現在のままでは、戦争違法化の流れをおし進める上で積極的役割を果たすことが困難なことはますます明らかになっています。

■核兵器禁止条約を可決した非同盟諸国の奮闘

中小諸国の発言力の強化という国連をめぐる状況の変化のなかで、注目すべき動きがおこってきています。

国連総会は、近年では2013年10月の第1委員会で125ヵ国の連名で「核兵器の人道上の影響に関する共同声明」を発表し、核兵器の「全面廃絶」を訴え、16年12月、平和の権利宣言を採択し（日本政府はアメリカなとどもともに反対）、これらの合意の積み重ねの上に17年7月には核兵器禁止条約を賛成122、反対1、棄権1の圧倒的多数で採択しています。この核兵器禁止条約は、「核兵器又はその他の核爆発装置」の開発、実験、生産、製造、取得、保有、貯蔵、移転、受領を包括的に禁止（第1条）するものです。これが批准されれば（18年12月現在の署名国は69ヵ国、批准は19ヵ国に）核兵器は、国際法上の「悪」と認められるのです。前述のように国連総会の初めての決議は核兵器の廃絶にかん

するものであり、今回、世界的な反核・平和運動の高まりを背景に総会はこの決議を採択したのです。

　核保有大国のうち米仏英3ヵ国は、このイニシアティブに対し、「たった1発の核兵器すらなくすことはできないし、いかなる国の安全も、また国際の平和と安全も強めるものではない」「さらに大きな対立をつくり出す」などとする「国連代表の共同声明」を発表しました。冷静さを欠いたこの声明は、逆に、採択された条約によって核兵器の開発も、同盟国への核持ち込みもこれに反対する国際世論の包囲にあうことへの核保有国の深刻な危惧を物語るものです。

　他方、国連の日本代表の席はこの議題の審議中最後まで空席のままで、条約案の採択後に別所浩郎国連大使が「日本は署名することはない」とのコメントを発表しました。佐藤正久外務副大臣は、「核廃絶というゴールは共有している」といいながら、「日米同盟のもと、核兵器を有する抑止力の正当性を損なうことになる」と核抑止力論の正当化すら行っています（18年1月16日　各党討論会）。

　国連が当初掲げた集団安全保障機構の理想はかならずしも充分に実現しているとはいえません。しかし、20世紀の最大の変化は、植民地体制が完全に崩壊し、民族自決権が世界公認の原理となったことです。

（4）憲法の平和主義と安保条約の矛盾

　国連憲章が集団安全保障とは相容れない集団的自衛権という考え方を認めたことは、米ソの軍事ブロックによる対立をエスカレートさせることとなりました。日本も1952年サンフランシスコ「講和」条約によって主権を回復しましたが、同じ日に締結された日米安保条約によって「西側の一員」に組みこまれ、憲法9条のもとで平和な日本をめざすという流れはたちまち逆流に直面させられることとなりました。

　しかし日本と同じように戦後アメリカの占領下におかれた西ドイツで

はいち早く憲法の改悪が強行され、多面的に軍国主義復活の道をすすむという困難な道を歩んできたのとは異なり、日本はいままで憲法の改悪を許していません。戦前、戦中の侵略と反動政治の痛苦の体験をもとにこの間のさまざまなたたかいをつうじ、国民一人ひとりがこの憲法を自分のものにしてきたからとも言えますが、詳細は第6章で検討します。

■憲法にも国連憲章にも反する安保条約

　日本国憲法は「締結した条約及び確立された国際法規は、これを誠実に遵守することを必要とする」（第98条②）と定めています。これを根拠に政府はしばしば「安保条約の義務履行」という口実をもちだします。しかし憲法は、国連憲章も日米安保条約も同等に扱うというわけではありません。国連憲章は、「国連加盟国のこの憲章に基づく義務と他のいずれかの国際協定に基づく義務とが抵触するときは、この憲章に基づく義務が優先する」との大原則（第103条）と定めており、このことを認めたうえで日本は国連に加盟し、他の加盟国もそのことを前提に日本の加盟を承認しているからです。

　この間の過程をみると、52年安保条約交渉の初期の段階で、日本政府が考えていた条約案の骨子は、「イ、国連が日本に対する侵略行動の存在を決定するときは、合衆国は侵略を排除するため必要な措置をとる。ロ、日本は自国の安全と生存を守るために自衛権を有しており、日本に対する侵略を排除するために取られる合衆国軍隊の行動に可能な一切の協力をする。ハ、日本に対して武力攻撃があった場合、両国が憲章51条によって自衛権を発動して所要の措置をとることを妨げない」というものでした。「日本に対する侵略行動の存在」の認定をするのはあくまでも国連であり、日本は日本を守るためにおこなうアメリカの軍事行動に軍事基地や物資の提供など必要な協力を集団的自衛権の行使としておこなう、というのです。これは、たとえ自衛権の行使といえども国連の認定を必要とする憲章の精神にも沿うものです。

　ところがアメリカは、この日本側の案を一蹴しています。52年安保条約の場合、アメリカが日米安保条約を結ぶ目的は、アメリカ側のきわめて率直な表現によると、米軍が日本の必要な場所に、必要なだけの軍隊を、必要な期間駐留させることにある（51年1月講和特使として来日の際のダレス特使の発言）とされたからです。しかもその軍隊の駐留目的は、国連安保理の制約うけないでおこなう「極東における国際の平和と安全」のためで行動であって、「日本国の安全」のためには「使用することができる」だけで義務ではありません。どのような目的で使用するかはアメリカの一方的な判断にゆだねられています。つまり、集団的自衛権の考えでもありません。アメリカではアメリカが一方的に他国防衛の義務を負うだけの条約は上院のバンデンバーグ決議によって禁じられており、アメリカを防衛する能力のない日本をアメリカが一方的に防衛することはできない、というのがその理由です。

■基地提供の義務を定め国民の権利を制限する日米地位協定

　ここで見ておかなければならないのは、軍事基地を提供するということは、たんなる土地の貸借とは違うということです。アメリカがベトナムへの侵略戦争をしているまっただなかの1966年、当時の椎名悦三郎外相は、「日本が安保条約にもとづきアメリカ軍に施設区域を提供していることは、一般論として、北ベトナムなどから敵視されて、攻撃される危険がありうる」との見解を示しています（6月1日、衆院外務委員会）。また96年、台湾海峡でミサイル発射などの軍事演習をおこなった中国にアメリカがインディペンデンス等の空母戦闘群を派遣して圧力をくわえたことにたいし、中国武官は、「米国の空母から戦闘機が発進し、海峡上の中国艦船に攻撃を加えたとき、中国は空母の母港・横須賀のある日本を敵とみなす」と語ったといいます（「エコノミスト」96年6月11日号）。アメリカに基地を提供することはアメリカと一体となって戦っていることと同じ意味をもつことになるのです。

そして「極東における…」という規定は、「日本の安全云々」だけの規定だけでは、「将来朝鮮戦争のような事態が極東の他の地点で発生した場合、在日軍隊をこれに使えないと解釈される心配」があるため、そのような場合にも在日米軍を使用することができる事をはっきりさせておきたい、との米側の申入れで後からつけ加えられたといいます（西村熊雄『安全保障条約論』）。「極東」という言葉は使われていますが、アメリカが世界のどこで行動しても、それが日本に波及してくる危険は常に存在しています。

　こうした基地の提供は、国会にもはからず締結された（1952年2月）日米行政協定によって定められ、米軍が日本中どこにでも基地を設置できる全土基地方式、（米国軍人、軍属についての）裁判権の放棄、米軍人等の特権などがもりこまれました。

　1960年の改定によって安保条約は、こうした米軍の行動の自由は確保したまま、急速に軍事力を強めていた自衛隊に新たに在日米軍防衛の義務をおわせることと引き換えに、ようやく米軍にも日本防衛の義務を負わせる集団的自衛権の体裁をとりました。しかし同時に、軍事力漸増の義務、経済協力の義務などを定め、いっそう全面的にアメリカへの従属を強めるものとなりました。また、行政協定は日米地位協定に改められ、これをもとに、刑事特別法をはじめとする多くの特別法が制定され、国民の権利を制限することとなりました。

　こうした状況にもかかわらず、新旧の安保条約は、日本区域の平和と安全維持のための国連による措置が「効力を生じたと日本国とアメリカ合衆国の政府が認めた時」は効力を失うとしています（52年第4条、60年第10条）。平和と安全維持のための措置をとるべきかどうかは、決定するのが安保理であるならば、その終了を認定するのも安保理であるはずです。ところが日米安保の規定は、この同盟が国連の集団安全保障機能を補完するものであるかのようにいいつつ、平和と安全のための措置が必要かどうかを判断するのは実質的にはアメリカという立場をとって

います。

　こうしたあまりにも従属的な条約への国民の批判の高まりにたいし、かろうじて60年安保条約には、1970年以降は、「いずれの締約国も、他方の締約国に対しこの条約を終了させる意志を通告することができ、その場合には、この条約は、そのような条約が行われた後一年で終了する」（第10条）との規定が付け加えられました。

日本国憲法9条と国連憲章

日本の降伏文書調印
（1945年9月2日）

「ポツダム宣言等の降伏条項に照らし合わして考えてみまして、現在の憲法そのままでは国政の運用に於ても、あるいは国際関係を整理いたします上に於ても、十分でないと考えざるを得ないいろいろな点がございます」（1946年6月25日、衆議院本会議）

明治憲法（大日本帝国憲法）改正案（日本国憲法案）の審議に入った第90帝国議会（国会）冒頭における吉田首相の答弁です。この憲法が、敗戦にともなう外国軍隊の占領下という異常な状況のもとで、占領軍の強いイニシアティブによって制定されることへの無念の思いがにじみ出た答弁といえないでしょうか。国民の側からみれば新鮮さにあふれ、歓迎すべき憲法であっても、吉田を含め、戦前の侵略と反動の政治への明確な反省もほとんどないまま支配の座にすわりつづけいた彼らにとっては、まさしく「おしつけられた」憲法でした。とりわけ、新たな憲法のなかでももっとも注目すべき規定である第9条は、戦争

日本の「十五年戦争」略年表	
1931.9	満州事変により日中戦争始まる
1941.12	米英と開戦
1945.2	ヤルタ会談（米英ソ）
1945.3.10	東京大空襲
1945.6	国連憲章　調印
1945.6.23	沖縄の日本軍全滅
1945.7	ポツダム宣言
1945.8	原爆投下（6日 広島、9日 長崎）ポツダム宣言受諾決定
1945.8	敗戦（「玉音」放送）
1945.9	降伏文書調印

違法化をめざす20世紀世界政治の最先端をゆく規定でありながら、これを受け入れる日本の支配層の姿勢はそうした世界の流れについての理解からはほど遠いものであったため、その後の日本政治の実態との間でもっとも大きな矛盾をつくりだす規定となりました。

（1）侵略戦争への反省なしの戦後の再出発

日本国憲法第9条の発案者をめぐっては、いまなお当時の首相・幣原喜重郎か占領軍最高司令官マッカーサーか、あるいは両者の合作か等をめぐって論争が続いています。しかし、そのような個人の発案であるかのように見る議論自体、日本国憲法9条制定の歴史的意義を矮小化するものと言わざるをえません。

■矛盾にみちた"憲法9条"幣原発案説

幣原喜重郎については、彼が戦前、外交官として中国との国交正常化につとめたとか、ワシントン軍縮会議（1922年）、ロンドン軍縮会議（1930年）等に出席して国際的な経験豊かで軍縮に貢献したとか、暗黒の日本においても「自由主義者」の立場とっていたとの評価もなされています（伊藤成彦『物語日本国憲法』）。彼が欧米の自由や民主主義に接する機会が多かったことは事実でしょう。

その幣原が戦後、日本国憲法第9条の発案者とされる根拠は、そのほとんどがマッカーサーとの間でおこなわれた46年1月24日の「ペニシリン会談」です。それは幣原が肺炎にかかったときにペニシリンをわけてもらったお礼にマッカーサーを訪れた時の会談内容を、幣原の親友・大平駒槌が幣原から聞いた話として三女の羽室ミチ子に話した「大平口述メモ」と、マッカーサーが帰国後にまとめた『回想記』で紹介されていることがほとんどすべてです。この2人の会談には第3者の立会いはなく、その正確さの保障はありません。

「大平口述メモ」によるとその内容はこうです。幣原が「この日はこちらから先に、頭からマッカーサーに、自分は年をとっているのでいつ死ぬかわからないから、どうか生きている間にどうしても天皇制を維持させておいてほしいと思うが協力してくれないか」とたずねたというのです。これにたいするマッカーサーの返事は、「本国においても天皇制は廃止すべきだとの強力な意見も出ているが、占領するにあたり一発の銃声もなく、一滴の血も流さず進駐出来たのは全く日本の天皇の力による事が大きいと深く感じているので、天皇を尊敬し、また日本にとって天皇は必要な方だと思うから、天皇制を維持させる事に協力し、又そのように努力したいと」というものだったといいます。そこで幣原はさらに「世界から信用をなくしてしまった日本にとって戦争をしないというような事をハツキリと世界に声明する事、それだけが敗戦国日本を信用してもらえる唯一の堂々と言えることではないだろうかというような事を話して、おおいに2人は共鳴してその日はわかれたそうだ」というものです。

しかし、ここで憲法改正が話題になったと書かれているわけではありません。それどころかこのペニシリン会談より前のことですが、敗戦直後の東久邇の後継総理として幣原の名が上ったとき、側近が憲法の改正が問題になってくるだろうことを話したところ、幣原は「改正の必要は絶対に認めない、これでいいんだとけんもほろろだったらしい」（佐藤達夫『日本国憲法成立史』第1巻）ということです。マッカーサーからの直接の指示があり、さらに各党・民間の改憲案づくりがすすむようになっていた10月25日、幣原内閣もようやく「憲法問題調査委員会」を発足させます。しかしそ

国連憲章　第2条

3．すべての加盟国は、その国際紛争を平和的手段によって国際の平和及び安全並びに正義を危うくしないように解決しなければならない。

4．すべての加盟国は、その国際関係において、武力による威嚇又は武力の行使を、いかなる国の領土保全又は政治的独立に対するものも、また、国際連合の目的と両立しない他のいかなる方法によるものも慎まなければならない。

の責任者になった松本烝治国務相は、「この調査委員会は必ずしも憲法改正を目的とするものではなく、学問的な調査研究を主眼とするものであるから、若し改正の要ありという結論に達しても直ちに改正案の起草にあたるということは考えていない」との談話を発表しています。この委員会は憲法改正を目的に設置されたものではありませんでした。

　しかし、各党や民間・政党での改憲案づくりが広がり、高まる周囲からの圧力に抗しきれなくなり、憲法問題調査委員会もようやく12月末から改憲案作成の作業を開始し、46年2月8日、その結果をまとめた「憲法改正案大綱」をマッカーサーに提出します。しかし、それは明治憲法第1条「大日本帝国は万世一系の天皇之を統治す」はそのまま、第3条「天皇は神聖にして侵すべからず」の「神聖」を「至尊」に置き換えるだけ、といった明治憲法の焼き直しにしかすぎないものでした。明治憲法の軍にかんする規定は削除されていましたが、平和条項などはありませんでした。

■戦争違法化の流れに不満を表明

　もともと幣原自身、戦前の侵略戦争の反省にたって戦後の政治活動に入ったわけではありません。すでに戦前において戦争違法化が世界の大きな流れになり、その第1歩として、集団安全保障をめざす初の国際機構としての国際連盟が発足したとき、幣原は、「利害関係者の直接交渉によらず、こんな円卓会議で我が運命を決せられるは至極迷惑」とこれを批判する立場にたっています。

　なによりも新憲法案に関する姿勢です。マッカーサーが、戦争放棄を含む3原則にもとづいて民政局につくらせた占領軍案が手交されたとき、幣原はこれを「受けられない」といい、マッカーサーとの直談判にのぞみます（46年2月21日）。ここで、マッカーサーが「戦争を放棄すると声明して道徳的リーダーシップを握るべきだ」と説得したのにたいし、幣原は「リーダーシップといわれるが、誰もついてこないだろう」と食

い下がっていることが同行した芦田均のメモで明らかになっています。マッカーサー自身も『回想録』で紹介した１月26日の「ペニシリン会談」の内容とはまったく立場が反対です。

憲法制定過程に関心をもち、関係者へのインタビューを含め多くの著作によって「ペニシリン会談」における「大平メモ」を幣原が９条制定に積極的だったことを証明する資料として重視している田中英夫（東大名誉教授）も、結局は「平和主義を宣言することと、戦争放棄・戦力不保持を謳う条文を憲法に入れることとは、別である」（田中『日本国憲法制定過程覚書』）と、幣原が主張したのは一般的に「平和」の宣言をすることだったことを認めざるをえないのです。

幣原の最大の関心事は天皇制の維持であり、何らかの平和宣言を考えていたとしても、そのための取引材料にすぎなかったと見るべきでしょう。結果として、46年４月の総選挙で幣原は敗れたため、実際の憲法案の審議を担当することになったのは同じ外務官僚である吉田茂の内閣です。そして、本会議、委員会をつうじての与野党の追及にたいし、その答弁を担当大臣としてほとんど一手に引き受けたのは金森徳次郎でした。戦前において法制局長官を経験したものの、天皇機関説論者としての批判を受けて退職させられたという政治の暗黒面の体験をもつ彼が答弁を担当したということは、日本国憲法にとって幸運だったというべきでしょう。

（２）アメリカ本国は戦争放棄を要求せず

では、直接に戦争放棄を含む憲法改正を日本政府に命じたマッカーサーの立場はどのようなものでしょうか。

事実上日本を単独占領していたアメリカにとって、連合国の他の国々の同意のもとに占領政策をすすめるには、ポツダム宣言を基本とすることが必要でした。それは、「平和、安全及び正義の新秩序」（第６条）を

確立するために、日本国政府に、「日本国国民の間に於ける民主主義的傾向の一切の障害を除去」し、「言論、宗教及び思想の自由並びに基本的人権の尊重」をはかる体制を確立させる（ポツダム宣言第10項）ことにほかなりません。

■天皇制をめぐるアメリカ国内のせめぎあい

そのため、まずアメリカ政府は、「日本国が再び米国の脅威となり又は世界の平和及び安全の脅威とならざることを確実にすること」（45年9月22日、「降伏後に於ける米国の初期における対日方針」）を大原則として掲げました。

さらに46年1月には日本の占領政策を調整していた国務・陸軍・海軍3省調整委員会（ＳＷＮＣＣ）は「日本の統治体制の改革」と題する政策文書（ＳＷＮＣＣ－228）をマッカーサーに送っています。そこでは戦争放棄についてはふれられておらず、中心的な問題点として強調されているのは天皇制の改革に関する指示です。具体的には、天皇制を維持するかどうかは日本が決めることであり、維持するとすれば、「次に掲げる安全装置が必要」と述べています。

「3、天皇は、一切の重要事項につき、内閣の助言にもとづいて行動するものとすること。

　4、天皇は、〔帝国〕憲法第1章中の第11条、第12条、第13条及び第14条に規定されているような、軍事に関する権能を、すべて剥奪されること。」

実は、国際社会でもアメリカ本国でも、日本がおこなった侵略戦争に重大な責任を負う天皇をどう扱かをめぐって激しいせめぎあいがなされていたのです。一貫して天皇に対する強硬措置を要求したソ連のみならず、オーストラリア、ニュージーランドも、46年1月18日にＧＨＱに提出した戦争犯罪人の名簿の中には天皇も含めていました。アメリカ本国でも、日本敗戦の45年8月におこなわれたギャラップ世論調査では、

「戦後、天皇をどう扱ったらよいか」という問に対して、「処刑すべし」33％、「裁判で決すべし」17％、「終身刑にすべし」11％、「追放」９％と、何らかの形でその戦争責任を追及することを主張したのは70％に達し、無罪はわずか４％でした。９月28日には「天皇を戦争犯罪人として裁判にかけよ」の上院決議が採択されています。

　これらを受けてＳＷＮＣＣは10月２日、昭和天皇裕仁を裁判に付すべきとの決定おこなっています。ただ、「天皇が処罰すべきとの明白な証拠がある場合」という条件をつけたうえでその決定をマッカーサーに通知しました。ところがマッカーサーは、実際には何の調査もおこなわず、「過去10年間に日本帝国の政治決定と天皇を多少なりとも結びつける明確な活動に関する具体的かつ重要な証拠は何ら発見されていない。……天皇を起訴すれば、間違いなく日本人の間に激しい動揺を起すであろうし、その反響は計り知れないものがある。まず占領軍を大幅に増大することが絶対に必要になってくる。それには最小限100万の軍隊が必要となろう」との返書を送っています。

　さらに、国務省がマッカーサーの政治顧問として派遣していたジョージ・アチソンは46年１月４日、本国政府への手紙で、日本の戦後改革を進めるにはかなりの期間を必要とするが、占領軍は人員と資金の節約をはからなければならない、こうした「状況にあっても天皇がもっとも利用価値が

連合国とGHQの主な機関

- 極東委員会
- 米国政府
  - 国務・陸軍・海軍3省調整委員会（SWNCC）
- 連合国対日理事会
- 連合国最高司令官総司令部（GHQ）
- 極東国際軍事裁判所
  - 司令官（マッカーサー）
    - 参謀第4部
    - 参謀第1部
    - 外交局
    - 国際検察局
    - 法務局
    - ほか……
      - 民間財産管理局
      - 公衆衛生福祉局
      - 民間情報教育局
      - 民間諜報局
      - 民政局
      - 経済科学局
      - 天然資源局
      - 民間運輸局
      - ほか……
- 日本政府

資料：竹前栄治『占領と戦後改革』（1988年、岩波書店）などを参考に作成

あるのはいうまでもない。…天皇は、われわれの全般的な目的の達成に真剣に協力したいと表明」しており、「天皇は利用すべきであって、戦争犯罪人に指定するのはやめるべき」という考えを伝えます。

　結局、このアチソン書簡とマッカーサーからの回答をもとに天皇制を廃止すること、天皇を戦犯とすることは日本人の感情からみても賢明でないとの判断は、米国政府によっても承認されたといえます。

　結果としてＳＷＮＣＣ―228の立場は、アメリカ国内でも大きな議論になっていた天皇制を残すか廃止するかについては日本国民の判断にまかせるというものとなりました。しかし、もし残すならば「安全装置」としてその政治的権限を制限し、とりわけ軍隊にかんする権限をすべて剥奪するというものであることは前述のとおりです。さらにその軍隊を残す場合の念押しとして、ＳＷＮＣＣは「国務大臣ないし閣僚は、いかなる場合にも文民でなければならないとすること」も明記し、後に日本政府との間でも問題になる「文民条項」も提起しています。つまり、軍隊そのものの廃止を指示したわけではありません。

■陸海空軍禁止を３原則の１つに

　マッカーサーは、この本国からの指示や国際世論の状況をみながら、日本政府の改憲案作成作業に注目していました。しかし２月３日に「毎日新聞」がおこなった「政府案」のスクープを見た段階で、日本政府をつうじて連合国が受ける入れることのできる改憲案を作成することを断念します。（実はこの案は政府の憲法調査委員会の正規の案ではなく宮沢俊義委員らが私的に作成したものですが、２月８日に提出された政府案とほとんど変わりません）。そして「総司令部の『憲法改正案』を提示することが『最も効果的』との結論に達し、３主要ポイントを『マッカーサー将軍自身の記述』（ただしマッカーサーの手記か、ホイットニーが書いたものか、不明。マッカーサー口述、ホイットニー覚え書き、ないし合作の可能性もある）として民政局にしめし、それを『必須要

件』として草案化を指示した」（深瀬忠一『戦争放棄と平和的生存権』）のです。

　マッカーサーが作業を担当するＧＨＱ民政局のスタッフに示した３つの基本方針とは、①天皇を元首とするが人民の基本的意思に対し責任をおうこと、②日本の封建制度は廃止すること、そして、③つぎのような徹底した平和主義をつらぬくことを加えた３原則です。

　「国家の主権的権利としての戦争を廃棄する。日本は、紛争解決のための手段としての戦争、および自己の安全を保持するための手段としてのそれをも、放棄する。日本はその防衛と保護を、いまや世界を動かしつつある崇高な理想に委ねる。いかなる日本陸海空軍も決して許されないし、いかなる交戦者の権利も日本軍には決して与えられない。」

　この平和主義の原則は、一切の軍備とともに自衛権まで禁止するものであり、本国やＳＷＮＣＣからの指示はもちろん、当時の国連の論議の水準をもはるかに超えるものです。マッカーサーはフィリピンに米軍司令官として滞在中、「フィリピンは、国策遂行としての戦争を放棄し、一般に受諾された国際法の諸原則を国内法の一部として採用し、平和、平等、正義、自由、協調及びすべての国民との親善の政策を遵守する」とのフィリピン憲法（第６章）制定の場面に遭遇していますが、その規定も超える徹底したものです。マッカーサーが、「いまや世界を動かしつつある崇高な理念」という言葉を使ったのは、次にみる日本国内を含む当時の平和に関する論議を広くさしたものと考えるべきでしょう。

■前文から第１条に、そして第９条に

　しかしそうしたマッカーサーの指示は、これを受けたＧＨＱ内にも躊躇をもたらすものでした。

　民政局の25人のスタッフのなかには、法規課長のマイロ・ラウェル陸軍中佐のように、すでに日本の憲法研究会の憲法草案などを一人で研究していた人物もいました。作業はこのラウェルら４人で構成された運営

委員会の統括のもと、立法、司法、行政、人権、地方行政、財政、天皇・授権規定の8つの小委員会に分かれてすすめられました。ところがマッカーサー指示の3原則の1つにもかかわらず、戦争放棄にかんする小委員会がありません。それは、運常委員会では、こうした条文は宣言的色彩を込めて前文にまわすのが妥当との結論になったためです。

　その結果、戦争放棄にかんする規定は前文の一部とされ、法学者であるハッシー海軍中佐が起草を担当しました。その前文案では、マッカーサーが示した「自己の安全を保持するための手段としても」という自衛権を放棄する内容も削除されます。ハッシーにとって、不戦条約でも国連憲章でも否定されていない自衛権まで否定することまでは考えがおよばなかったものと見られます。

　しかし、マッカーサーは自衛のための戦力不保持も含めて、戦争放棄は独立した条文として規定すべきとの指示をあらためておこないます。その結果、民政局案における戦争放棄にかんする規定は第1章第1条の独立した条文となります。ところが、これもマッカーサーの指示でさらに天皇の章の次の第2章の8条にまわされます（天皇に関する条文が1ヵ条増えたため、順送りとなって最終的には「第2章　第9条」に）。

　この前文からの変更の場面は、占領軍案をめぐる日本政府の松本烝治とGHQハッシーらとのやりとりのときに再現されます。このときのハッシーは、立場がかわって日本政府を説得する側にまわります。そのやりとりです。

　松本　戦争の放棄を、独立の1章とするかわりに、前文のなかに入れてはどうでしょうか。

　ハッシー　松本博士。あなたは、戦争放棄ということを（法的拘束力を持たない）原則的規定にすぎないという形で記しておきたいとお考えだというわけですね。

　松本　その通りです。

　ハッシー　あなたのお考えはよく分かりますが、私達は、戦争放棄は

基本法の本体に記しておくべきだと思います。というのは、そうすれば、この条項は真に力強いものとなるからです。

さらにホイットニーは、当初のＧＨＱ案ではこの条文が民政局原案では第１章であったものが天皇制の後の第２章にまわされたことについて、「この原則の宣明は、異例で劇的な形でなされるべきです。この原則を、憲法草案の第１章ではなく第２章としたのは、天皇および天皇が日本国民の心のなかに占めている地位に敬意を表してのことです。私自身としては、この原則が決定的重要性を持つことに鑑み、戦争の放棄を新憲法草案の第１章に置きたいと考えるくらいです」とそのホンネを語ってもいます（田中英夫『憲法制定過程覚書』）。

■深まった昭和天皇とアメリカの結びつき

疑問として残るのは、マッカーサーはなぜ本国からの指示もないのに、一般的な平和主義ではなく、他に例をみない９条のような徹底した戦争放棄の条文を指示したかということです。それは、天皇の章を前にもってきたことにも見られるように、天皇制を残すことが、日本国民の心をつかみ、その後の対日支配を容易にすると考えたからであり、世界にたいしてはその代償として日本の軍備を廃止することによって再び「軍国日本」を招来させないことを約束するとの考えにもとづくものではない

昭和天皇とマッカーサー
　（1945年9月27日）

でしょうか。ＧＨＱの憲法案を日本側に手渡したときのホイットニーはつぎのように述べています。

「最高司令官は、天皇を戦犯として取り調べるべきだという他国からの圧力、この圧力は次第に強くなりつつありますが、このような圧力から天皇を守ろうという決意を固く保持しています。これまで最高司令官は、天皇を守ってまいりました。……しかし、みなさ

ん、最高指令官といえども、万能ではありません。けれども最高司令官は、この新しい憲法の諸規定が受け容れられるならば、実際問題としては、天皇は安泰になると考えています。」

ホイットニーが強調した「他国からの圧力」は、決して誇張したものでなかったことは前述のとおりです。そして、その結果はマッカーサーのねらいどおり、昭和天皇の直接的な政治活動とアメリカの対日政策の本格的な結びつきが開始されます。

それは、占領解除後の沖縄をめぐる扱いに顕著にあらわれます。米国防総省の主張は、沖縄には多大な犠牲を払ったのだから米軍基地は恒久的に保持、永久化したいというものでした。しかし、国務省などから異論が出されます。

「天皇メッセージ」──沖縄についての天皇の見解をまとめたメモ

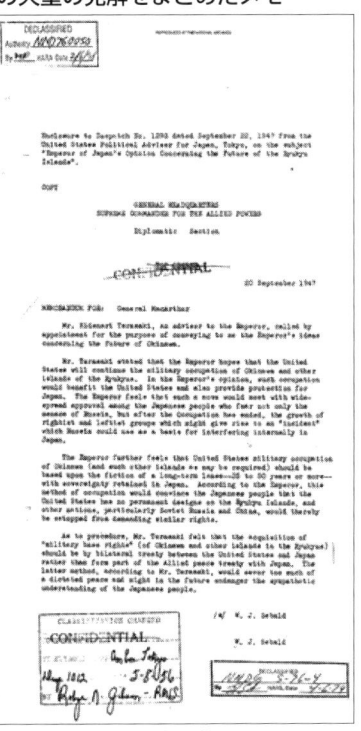

出所：沖縄県歴史資料館 WEB サイト

そうした中の47年9月、宮内省の寺崎英成を通じて、次のような天皇裕仁（昭和天皇）の意向がアメリカ側に伝えられました。

「寺崎氏は、米国が沖縄その他の琉球諸島の軍事占領を継続するよう天皇が希望していると、言明した。天皇の見解では、そのような占領は、米国に役立ち、また、日本に保護をあたえることになる。」

「さらに天皇は、沖縄（および必要とされる他の島じま）にたいする米国の軍事占領は、日本主権を残したままでの長期租借──25年ないし50年あるいはそれ以上──の擬制にもとづくべきであると考えている。」（在東京・合衆国対日政治顧問からの「1947年9月22日付通信第1293号への同封文書」）

■非武装平和の発想

　それにしても、自衛のための軍備ももたないというマッカーサーの発想は、そもそもどうしてもたらされたのでしょうか。それは次項でみるように日本社会では敗戦後直後から、「非武装」の考えが表明され、それを憲法に規定することまで主張する提案がなされていたことによると思われます。なかでもマッカーサーに影響を与えるものとして、それまでの国際社会では考えられていなかった「形式と事情を問わず今後永久に戦争を放棄」することを直接に提起した文書があります。

　それを当時の外務大臣吉田茂に提起したのは、日独伊３国同盟の成立に尽力した戦前の外交官である白鳥敏夫とされています（河合一成『憲法九条と靖国神社』）。日本国民の間ではすでに「非軍備」との発想にもとづく憲法の論議なされていたなかで、彼が45月12月に吉田茂に送った書簡で、「如何なる政府の下においても何等の形式に依るを問わず国民は兵役に服することを拒む権利および国家資源の如何なる部分をも軍事の目的に充当せざるべきこと等の条項は新日本根本法典の礎石たらざるべからず」と述べたうえで、「ありていに申せば小生は天皇制なくんば如何にして新憲法の中に平和条項を有効適切に織り込むべきかを知らざる者に御座候。天皇に関する条章と不戦条項を密接不可分に結びつける」ことを提起しています。彼も軍備を放棄した日本をささえることと天皇をむすびつけて考えていたのです。

　吉田はこの文書をＧＨＱに提出していますが、こうした提起もマッカーサーが判断するうえでの一助になったことは否定できないのではないでしょうか。なお白鳥は戦後、巣鴨刑務所に収監され、そこで獄死しています（Ａ級戦犯、終身禁固刑）。

■憲法９条から日本再軍備へ

　同時に、マッカーサー自身、日本国憲法９条制定に深く関与し、その経過をもっともよく知る立場にあったにもかかわらず、朝鮮戦争でＧＨ

Q最高司令官を解任されて帰国した1ヵ月後の51年5月5日の上院軍事・外交委員会の証言で、9条の発案者は幣原喜重郎であると強調しだしたのはなぜか、という問題があります。

マッカーサーもアメリカ政府も、日本国憲法制定当時の国際情勢は、これを盛り込むことが国際世論説得のために必要だと考えていました。にもかかわらず、日本国憲法施行からわずか1年後の1948年5月には、米ソ冷戦激化のあおりを受けたアメリカでは、「いまや将来の防衛のための日本軍を容認する立場で、新憲法の改正を検討すべき」ことを決定し（「限定的再軍備計画」）、朝鮮戦争ぼっ発後の50年6月には、マッカーサー自身が日本政府に警察予備隊（のちに保安隊、さらに自衛隊となる）の設置を命じ、以後の9条破壊に道を開いています。

従って9条の制定を日本政府に求めたことは、マッカーサーにとってもアメリカにとっても、決して誇るべきことではなくなっていたといえます。そのため、「せめて戦争放棄条項の発案者という十字架を幣原に転嫁することによって、歴史に対する責任を免れようとしたと考えるべきではなかろうか」（油井林治郎『マッカーサーの2000日』）との厳しい指摘もあります。

（3）極東委員会でなされた議論

占領軍を監督する立場にあり、日本の新憲法制定についての最終決定権をもつとされた極東委員会は、1946年3月6日の日本政府による「憲法改正案要綱」の突然の発表など、マッカーサーの独断で事がどんどんすすめられていたことに不満をつのらせていました。そこで、枢密院で政府の憲法案の審議がはじまる前の5月13日、「日本新憲法採択にかんする基準」を全会一致で採択します。しかし、ここで新憲法制定にあたっての要点として指摘されたことは、①必要な審議の時間が与えられなければならないこと、②明治憲法との法的連続性があること、③日本国

極東委員会　構成国
（1946年2月　第1回会合）
アメリカ、イギリス、
ソ連、中国（当時は中華民国）、
フランス、インド、オランダ、
カナダ、オーストラリア、
ニュージーランド、フィリピン

（1946年11月から参加）
ビルマ（現ミャンマー）
パキスタン

民の自由意志を尊重することという3点で、極東委員会抜きで事がすすむことにブレーキをかける手続き問題が中心でした。

　しかし、その後の6月25日に衆議院で始まった憲法の内容をめぐる実質的な論議では、やはり天皇制を存続するかどうかが焦点になり、ソ連、オーストラリア、ニュージーランドなどからその廃止を求める意見が出されました。その結果、GHQの係官と日本政府との数回の話し合いがもたれていますが、「これらの数回における会談における先方の発言がきわめて強硬かつ執拗であったのも、この極東委員会における空気を背景にしたものであった」との指摘がなされています（佐藤達夫『日本国憲法成立史』第4巻）。

　そして7月2日、極東委員会は日本における憲法改正に関する最終的な政策決定に関する会議を開きました。ここでも、SWNCCの指示にはあった「（日本国民が天皇制を保持すべきと決定した場合）天皇は1889年憲法〔大日本帝国憲法〕の第1章第11条・12条・13条および14条に規定されたような軍事的な権能をすべて剥奪される」ことが確認されました。さらにやはりSWNCCがその安全装置として求めた「総理大臣および国務大臣は、すべて文民」の規定については、吉田首相らが軍隊をもたないのだから必要ないとして削除していたため、これを復活させる、というものでした。すでに戦争放棄の憲法案が帝国議会に提案されていることにはふれておらず、この年の1月にアメリカが作成したSWNCC決定そのままであることに疑問が残ります。すくなくとも日本の軍備撤廃に強い関心をもった態度とは思えません。

■侵略を受けた自らの経験に照らし…

　ところが、日本政府の憲法案が8月20日衆議院で可決された後に開かれた9月21日の極東委員会は、政府案の9条2項に、衆議院において字句を追加する修正がおこなわれたことをめぐって大議論になりました。

　口火を切ったのは中国〔中華民国〕代表S・H・タンで、彼は「9条の政府案が修正され、9条1項に特定された目的以外の目的で陸海空軍の保持を許すという解釈を求めていること」を指摘したうえで、「もし日本がここで宣言している以外の軍隊を保持することが許されるならば危険であり、それは日本がなんらかの口実の下で、たとえば自衛と言う口実で軍隊を持つ可能性があることを意味します」と述べたのです。

　憲法の政府案の実質的な審議・修正は、衆議院に設置された憲法改正小委員会において秘密会としておこなわれましたが、この9条の修正とは、その小委員会で小委員長の芦田均が提案したものです。それは、政府案の第9条第1項「国の主権の発動たる戦争と、武力による威嚇又は武力の行使は、他国との間の紛争の解決の手段としては、永久にこれを放棄する」を「日本国民は、正義と秩序を基調とする国際平和を誠実に希求し、国権の発動たる戦争と武力による威嚇又は武力の行使は国際紛争を解決する手段としては、永久にこれを放棄する」とし、第2項の冒頭に「前項の目的を達するため」を追加するというものです（傍点部分が追加）。

　芦田はこの修正の意味について、その時は9条の意味そのものを変更するものではないと説明し、その後の議会の審議における閣僚らの説明でも、これらの修正は9条の解釈に影響を及ぼすものではないとされていました。

　そのためマッカーサーも極東委員会のタンらの異議については、日本政府に伝えることはしませんでした。しかしその後の事態の推移は、修正案採択の直後にタンがおこなった指摘がきわめてマトを得たものであったことを実証しました。51年1月になって、この「前項の目的を達す

るため」の追加について、芦田自身がこう言い出したからです。「第9条の第2項の冒頭に.『前項の目的を達するため』という文字を挿入したのは、私の提案した修正であって、これは両院でもそのまま採用された。従って戦力を保持しないというのは絶対にではなく、侵略戦争の場合に限る趣旨である『国の交戦権はこれを認めない』と憲法第9条末尾に規定してあることは、自衛のための抗争を否認するのではない」(高柳賢三他『日本国憲法制定の過程』)

　以後しばらくは、この芦田修正が保守勢力によって自衛権容認の最大の論拠とされたことは周知のとおりです。ただ、おそらく芦田は予想していなかったのでしょうが、この時の秘密議事録が80年代に入ってまずアメリカで、そしてやがて日本でも公開されたことです。そこで芦田が述べていることは、「『国際平和を誠実に希求し』という言葉を両方の文節に置くべきですが、そのような繰り返しを避けるために『前項の目的を達するために』という言葉を置くことになります。つまり、両方の文節でも日本国民の世界平和に貢献したいという願望を表すものとして意図されたものです」(憲法改正小委員会第6回議事録、46年7月31日)。

　これと関連するもう一つの文民条項については、極東委員会の強い主張を受けてマッカーサーも日本政府にはたらきかけた結果、貴族院の審議で、文民条項復活の修正(第66条)が行われます。結果的にみれば、その後自衛隊という名の軍隊が復活したため、この規定は、自衛隊は直接政治に発言することはできないとする「文民統制」(シビリアンコントロール)の原則として皮肉にも意味をもつことになりました。

　日本の議員が誰も気づかなかった芦田修正の危険性について中国代表が鋭く警告を発したことに対し、「日本がかつて『自衛』の名による『侵略』を行ってきたことへの歴史的体験に基づいている」(古関彰一『「平和国家日本」の再検討』)との指摘があることは注目しておきたいと思います。

（４）憲法９条を歓迎してうけいれた日本国民

　日本政府が９条を心から歓迎して受け入れたものではないことは明らかです。天皇制を残すためにはいかなる代償をはらうこともやむをえないというのが本音でしょう。

　しかし国民は違います。当時国民は敗戦後の焦土のなかで日々の生活を維持することに必死で「憲法よりメシだ」の空気が強かったことは否定できません。しかし、敗戦でこうむった犠牲はあまりにも大きく、それだけに「戦争は二度とゴメン」の気持ちも切実でした。そのため新しい日本は軍備をすべて撤廃し、「非武装」の方針で再出発すべきであるという当時の国際論議の水準をもこえた主張が、国内のさまざまなレベルの人々によっておこなわれていました（山内敏弘『平和憲法の理論』）。

　たとえば、天皇の敗戦の詔書が発表される前日の1945年８月14日、当時、横浜正金銀行の総務部長など財界に身を置きつつ政界への発言力ももっていた木内信胤は、「時局収拾の一構想」と題する文書で、非武装日本の建設のために憲法の改正が必要である旨を説き、貴族院議員らに回覧しています。それは、「万事出直しの新日本である、政治形態も自ら改まるところあらねばならぬ……進んで憲法改正にまで行くことは必然であろう、何となれば武力なき新日本に従来の憲法はただに不似合であるばかりでなく生まれ変った新日本には不適当である」というものです。幣原喜重郎とは根本的に異なる姿勢で敗戦を迎えようとしていました。

　また、帝国陸軍の中将だった遠藤三郎は、敗戦直後の８月18日、東久邇首相に、つぎのように新日本の建設にあたって日本のとるべき方向を意見具申しています。「日本に軍隊の無くなることは決して悲しむべきことではない。物心両面に於ける軍備の重圧から解放され日本の将来は明るい。日本の黎明であり寧ろ慶すべきことである。敵が入って来ても暴力で抵抗せず威武に屈せず豊貴に淫しない心さえあれば、軍隊がなく

とも恐ろしいことはない。……今後は軍隊に頼らず徳の国を作り、詔勅に示された様に万世のため太平を開くべきである」。

こうした論調は、敗戦そして米軍の占領下へということにたいする衝撃による感情的な面が強く、明治憲法下の戦争を深く反省したうえでなされたものとは言えないかもしれません。

しかし、当時ジャーナリストで後に首相になった石橋湛山は、つぎのように非武装平和日本の建設の必要性を述べています（10月13日「東洋経済新報」）。「言ふまでもなく我が国民は、今回の戦争が何うして斯かる悲惨の結果をもたらせたかを飽まで深く掘り下げて検討し、其の経験を生かさなければならない。……我々は茲で全く心を新にし、真に無武装の平和日本を実現すると共に、引いては其の功徳を世界に及ぼすの大悲願を立てるを要する。それには此の際国民に永く怨みを残すが如き記念物はたとい如何に大切のものと雖も、之を一掃し去ることが必要であろう」。

■無軍備・平和が世論として

これらの動きと、国民の平和への願いは当然のごとく結びついていきました。早くも敗戦1週間後から、新聞には「力の日本を築くことに失敗した我々は、今後平和の民としての営みに入る」（8月21日付「毎日」）、「世界人類のし烈な平和への欲求は、もはや何国によっても否定し得ないものがある。武力主義はこの人類の世界的欲求と相容れない」（同28日付「朝日」）。

まだ憲法改正案が提案されていない帝国議会においても無所属倶楽部の中谷武世議員が、「今後の国家的目標として、古い富国強兵の観念などにかえて、武装なき大国の建設、身に寸鉄をおびない高度文化国家の建設を理想とすべきである。武装を解除された日本が、純然たる文化国家として平和的繁栄をとげ、再び一流国家の水準に復興するときに、日本の武装解除はたんに日本一国の武装解除にとどまらず、やがて世界の

武装解除を誘導する」との論陣をはり、幣原首相の「私は深き同感をもって拝聴したのであります」との答弁を引き出しています（45年12月8日、衆院予算委員会）。

　こうした雰囲気を反映し、新聞の「社説」にも「すぐる幾年かの悪夢からさめ、その過去を過去として根こそぎ清算し、正義と平和に徹する武装なき大国家の建設にまい進する知性と勇気とを、日本国民は持ち得ないのであろうか」（46年元日付「毎日」社説）といったものが登場しています。

　これらの議論は、政府の憲法改正案が発表される以前に行われていた民間の憲法改正論議にも登場します。たとえば、岩波茂雄、尾崎行雄らの憲法問題懇談会メンバーで弁護士の海野晋吉は45年12月の研究会で、「第5条　日本国は軍備を持たざる文化国家とす」との案を提案しています。憲法問題懇談会の仲間だった稲田正次は、「私と海野氏の協議の際、私が本条を削って、そのかわりに前文で平和主義を強訓してはどうかと意見を述べたのに対して、海野氏は自分の立場に固執せずあっさり同調してしまわれた。……これを削ってしまったのはまことに惜しまれる」と残念がっています（稲田正次『戦後憲法草案起草の経過』）。ただ、鈴木安蔵氏らの憲法研究会や革新政党の憲法案において平和主義の提案はおこなわれていません。あくまで国の主権を守るには自衛権は認めるべきとの考えがあったのでしょう。

　しかし、それ以外の論議をつうじて注目しておきたいことは、は平和主義を唱えるいずれの議論も一般的な戦争の放棄にとどまらず、「非武装」を主張していることです。

　では、このような論議を経て発表された憲法第9条を、国民はどう受け止めたでしょうか。世論調査結果は雄弁

当時の世論調査
○戦争放棄の条項を必要とするか

必要あり
　　1395人　　70%
必要なし
　　568人　　28%

出所：「毎日」46年5月27日

に物語っています。

（5）日本国憲法制定に働いた４つの力

　繰り返し紹介したように、日本国憲法第９条については、マッカーサーによるおしつけ説、幣原喜重郎発案説などの論争が今なおつづいています。それらは憲法制定経過のある局面だけを取り上げたものがほとんどです。しかし、以上みてきた事実にてらしあわせるなら、「日本国憲法の平和原則と規定は、敗戦後の、連合国軍の占領下における複雑・特殊な制定経過を辿り、国際的および国内的諸要因が影響し合って、その平和主義の意味・内容が形成された。いわゆる『マッカーサー憲法』の一元的制定説はあまりにも単純で一面的な俗説であり、『幣原発案』説で割り切れるものでもない。『幣原・マッカーサー合作』説は、その主要線を説明するのに便利であるが、なお不正確・不十分である」との指摘（深瀬忠一『戦争放棄と平和的生存権』）がなされています。そうした流れを背景にグローバルな視点にたってみるなら、「これは単に『誰の発案か？』という個人の意思の問題ではなく、当時の敗戦下の日本の複雑で具体的な『政治状況・政治過程』のもとでのきわめて重要なこと」（河合一成『憲法九条と靖国神社』）といった視点こそが求められているように思えます。

　そうした視点にたって見ると、日本国憲法の制定過程には、降伏の基本原則を決めたポツダム宣言と、第１次大戦いらいの戦争違法化の大きな流れを背景に、つぎの４つの力がはたらいたと整理できるでしょう。

①日本の支配層…幣原首相を含め、日本の支配層が明治憲法の改正そのものに積極的でなかったことはみてきたとおりです。その意味では彼らにとって「おしつけられたもの」であることは事実であり、第９条についていえば、天皇制を残すための取引としてこれを受け入れたといって

いいでしょう。

②**アメリカ政府とマッカーサー**…この両者に違いがあったことは本文でみたとおりです。本国の思惑をこえてマッカーサーが徹底して戦争放棄にこだわった理由も天皇制を残すことにあったといえます。昭和天皇を処罰すべきとの国際世論にたいするマッカーサーの情勢評価はそれだけ深刻だったともいえます。しかし、それではマッカーサーがなぜそれほど天皇制にこだわったのか。天皇と同格の扱いをうけて「蒼い目の大君」などといわれたことがマッカーサーの虚栄心を満足させたなどの指摘もありますが、基本的には戦後の日本を従属的な立場におくためには、国民にたいする絶大な影響力をもつ天皇制を利用するのが近道と考えたというのが、もっとも合理的ではないでしょうか。沖縄問題で天皇がとった姿勢はそのことを証明しています。その意味では本国の方針と根本において異なるものではありません。

③**国際世論**…世界の世論が第2次大戦において日本がおこなった侵略行為に怒りを燃やしていたことは疑いなく、それをささえたのが天皇制であるとみていたことはポツダム宣言などでも明らかです。そこから天皇の権限縮小と徹底した平和主義を求めたのは、当時の戦争違法化の強い流れからいっても当然のでしょう。

④**日本国民**…日本国民も一面から見れば日本の侵略戦争の被害者です。したがって「2度と戦争はゴメン」の気持ちがあったことは当然ですが、当時の国民に直接憲法改正に関与する権限はありませんでした。そのため、世論調査や民間の憲法制定作業等を除けば国民の動きはそれほど表立ったものとはいえません。国民はむしろこの憲法の制定を起点として、日々の生活と権利、平和と民主主義をまもるたたかいをつうじ、この憲法を自分のものにしてきたといっていいでしょう。

日本国憲法施行からわずか3年後、世界は早くも朝鮮戦争に直面します。その緊迫した情勢の中で法政大学教授や文部大臣をつとめた安倍能成は、当時、一気に広がっていた「押しつけ憲法」論を念頭におきつつ、次のように力をこめて訴えています。

　「平和実現の具体的方法として、我我日本国民は世界に先んじて、軍備の撤廃と戦争の放棄とを、憲法第2章に於いて宣言した。これが日本国民の自ら進んで希望したというよりは、敗戦に余儀なくされてできたものであることは、今更誰も疑うものはない。しかし平和を実現する唯一の真誠な根本的な方法が、軍備の撤廃と戦争の放棄との外にないということは、あれだけ戦争に苦労した世界に早くも戦争の機運が迫って居ることの根本原因が、現代の有力国家がまだ戦争という手段によって最後の勝負をつけようとする、考えかたを放棄し得ない点に存するという事実から見ても明らかである」（安倍能成『世界』1950年4月号）。

　朝鮮戦争からサンフランシスコ会議を経て日本がアメリカの軍事ブロックに組み込まれていく過程は、まさにこの「戦争という手段によって最後の勝負をつけようとする考え方」とのたたかいのはじまりでした。

［資料］
侵略の定義に関する決議

採択　1974年12月14日
国連総会第29回会期決議3314（XXIX）附属書

（前文　略）
第1条（侵略の定義）
　侵略とは、国による他の国の主権、領土保全若しくは政治的独立に対する、又は国際連合憲章と両立しないその他の方法による武力の行使であって、この定義に述べられているものをいう。（注）
第2条（武力の最初の行使）
　国による国際連合憲章に違反する武力の最初の行使は、侵略行為の一応の証拠を構成する。ただし、安全保障理事会は、国際連合憲章に従い、侵略行為が行われたとの決定が他の関連状況（当該行為又はその結果が十分な重大性を有するものではないという事実を含む。）に照らして正当に評価されないとの結論を下すことができる。
第3条（侵略行為）
　次に掲げる行為は、いずれも宣戦布告の有無に関わりなく、第2条の規定に従うことを条件として、侵略行為とされる。
(a)　一国の軍隊による他国の領域に対する侵入若しくは攻撃、一時的なものであってもかかる侵入若しくは攻撃の結果もたらされる軍事占領、又は武力の行使による他国の全部若しくは一部の併合
(b)　一国の軍隊による他国の領域に対する砲爆撃、又は国に一国による他国の領域に対する兵器の使用
(c)　一国の軍隊による他国の港又は沿岸の封鎖
(d)　一国の軍隊による他国の陸軍、海軍若しくは空軍又は船隊及び航空隊に対する攻撃
(e)　受入国との合意にもとづきその国の領域内にある軍隊の当該合意において定められている条件に反する使用、又は、当該合意の終了後のかかる領域内における当該軍隊の駐留の継続
(f)　他国の使用に供した領域を、当該他国が第三国に対する侵略行為を行うために使用することを許容する国の行為
(g)　上記の諸行為に相当する重大性を有する武力行為を他国に対して実行する武装した集団、団体、不正規兵又は傭兵の国による若しくは国のための派遣、又はかかる行為に対する国の実質的関与
第4条（前条以外の行為）
　前条に列挙された行為は網羅的なものではなく、安全保障理事会は、その他の行為が憲章の規定の下で侵略を構成すると決定することができる。
第5条（侵略の国際責任）
　政治的、経済的、軍事的又はその他のいかなる性質の事由も侵略を正当化するものではない。
　侵略戦争は、国際の平和に対する犯罪である。侵略は、国際責任を生じさせる。
　侵略の結果もたらせられるいかなる領域の取得又は特殊権益も合法的なものではなく、また合法的なものとして承認されてはならない。
第6条（憲章との関係）
　この定義中のいかなる規定も、武力の行使が合法的である場合に関する規定を含めて、憲章の範囲をいかなる意味においても拡大し、又は縮小するものと解してはならない。
第7条（自決権）
　この定義中のいかなる規定も、特に、第3条は、「国際連合憲章に従った諸国家間の友好関係と協力に関する国際法の諸原則についての宣言」に言及されている、その権利を強制的に奪われている人民の、特に植民地体制、人種差別体制その他の形態の外国支配の下にある人民の、憲章から導かれる自決、自由及び独立の権利を、また国際連合憲章の諸原則及び上記の宣言に従いその目的のために闘争し、支援を求め、かつ、これを受け入れるこれらの人民の権利をいかなる意味においても害するものではない。
第8条（規定の解釈）
　上記の諸規定は、その解釈及び適用上、相互に関連するものであり、各規定は、他の規定との関連において解釈されなければならない。

資料：『ベーシック条約集　2018年版』（東信堂）13章第1節「戦争の違法化」より

（注）この定義において「国」という語は、(a) 承認の問題又は、国が国際連合加盟国であるか否かとは関係なく用いられ、かつ、(b) 適当である場合には、「国家群」という概念を含む。

5 各国、各地域に広がった平和への取り組み

ASEAN（＋3）外相会議

　日本国憲法9条ほど徹底したものではないにしろ、憲法に平和主義を盛り込む国は早くから登場していました。それらは、その国の歴史や伝統にあわせて正戦論やヒューマニズムなどその形態、理由はさまざまですが、何とか残虐な戦争をくいとめようとする人間としての理性の発揮といえましょう。20世紀に入ってから明確な形をとるようになった国際社会における戦争違法化の動きは、突然発明されたものではなく、そうした個々の流れが合流し、力強い流れに成長したものといえます。

　日本国憲法とのかかわりで、その主なものを見てみましょう。

（1）侵略戦争・征服戦争の違法化

①フランス革命で合流──18世紀までの平和の思想

　フランスでは1789年、絶対主義的支配の体制を倒して人類史の新しいページを開いたフランス革命が勝利し、これをうけて1791年フランス憲法が制定されます。その第4条は、「フランス国民は、征服を行うことを目的とするいかなる戦争を企てることも放棄し、かついかなる人民の

自由に対してもその武力を決して行使しない」（第6編）と、早くも「征服戦争」禁止を国家権力を法的に拘束する原則として取り入れます。

深瀬忠一は、「この征服戦争放棄条項は、法思想のうえで、古代ギリシャの正戦思想にさかのぼり、中世カトリック教会が説いた正戦論とルネッサンスのヒューマニズム及び近世国際法学者の正戦理論を世俗化・合理化し、18世紀の平和思想を合流し、実定憲法化したもの」と評価しています（『戦争放棄と平和的生存権』）。つまり、それまでの戦争を回避するためにおこなわれたさまざまな努力・考え方を組み合わせて、こうした規定がうまれたということでしょう。

もっともこの規定にたいして、たんなる「外交法のプログラム」、「国際法的には無関係の法」と、あまり現実的な意味をもつものではないとの批判もないわけではありません。この時代においてはまだ、それが「侵略」であることの認定基準があいまいだったからです。1793年ジロンド憲法草案にあった「フランス共和国は、その自由の維持、その領土の保全およびその同盟者の防衛のため以外には、武器をとらない」の「自由」や「同盟者」という言葉の定義を最大限に拡大して侵略戦争をくりかえしたナポレオンのような例もうまれます。

■違反者にたいする罰則を規定

しかしこの憲法は1791年という早い段階で、明確に違反者の処罰を規定しているのです。「立法府が、開始された敵対行為が大臣または執行府の管理の責に帰すべき侵略があることを発見すれば、侵略者の主犯者は訴追される」（第3編）との規定です。

この点については、「このような指摘はきわめて重要といえよう。侵略戦争の違法化は、違法な侵略戦争をあえて侵した者に対する刑事制裁の追求というところまで徹底してはじめて十分な実効性をもちうるといえるのであり、現に第2次大戦後におけるニュールンベルグおよび東京における国際軍事裁判は、戦争違法化に伴うこのような戦争責任追及の

一つの国際的な帰結でもあった」（山内敏弘『平和憲法の理論』）と指摘されています。つまり、フランス革命に端を発する戦争犯罪の追及は、それに違反する行為をしたものに刑罰に処するという流れもあわせてつくりだしているのです。この点は、不戦条約が、戦争違法化の原則を単なる道徳的義務としたことと比較して注目すべきでしょう。

このことと関連して侵略者としてのファシズム側とこれに反対する反ファシズム側にわかれてたたかわれた第2次大戦の終らせ方をみると、イタリアでは侵略戦争をすすめた国王が国民投票によって国王の座を追われ、君主制そのものも廃止されました。

西ドイツではニュールンベルク裁判（45年11月〜46年10月）でナチスの主要犯罪人ヒトラー、ゲーリングなど24人を「平和に対する罪」「人道に対する罪」で起訴し（ヒトラー、ゲッペルスらは自殺）12人を死刑にし、戦争責任の追及が徹底的におこなわれました。

ところが日本の場合、国際軍事裁判（東京裁判＝46年5月〜48年11月）では、アメリカの占領政策における思惑から東条英機ら28名を有罪としたものの、昭和天皇や高級官僚、大資本の責任は問いませんでした。その結果、たとえば岸信介のようなA級戦犯容疑者がアメリカの特別の配慮によって短期間の収監によって刑務所から釈放され、その後首相の座にまでのぼりつめ、「戦犯政治」といわれる状況がつくりだされています。それがせっかく画期的な平和主義の憲法が制定されながら、それに逆行する政治がおこなわれている最大の理由といえるでしょう。

そうした教訓も踏まえ、長年の論議のすえに1974年の国連総会で採択された「侵略の定義」の決議は、「侵略戦争は国際の平和に対する犯罪である。侵略は、国際責任を生じせしめる」としたうえで、その「侵略行為」について、きわめて具体的・詳細に列記して、「友好な集団的措置をとること」を確認しています（89ページ参照）。

■フランスから広がった平和の原理

　フランスは政権交代がきわめて活発な国で憲法改正もひんぱんにおこなわれていますが、そうしたなかでも平和条項は系統的に発展しており、その論議のなかにはその後の各国で採用されたつぎのような原理があります。

○「生存の権利はあらゆる人権の中の第一の人権である。生存の権利とは戦争の廃止を意味する」（1945年10月選出制憲議会提出　急進社会党人権宣言草案平和関連条項）

○「共和国は、征服を目的とするいかなる戦争も企てず、かついかなる人民の自由に対してもその武力を行使しない。相互性の留保のもとに、フランスは平和の組織と防衛のため必要な主権の制限に同意する。」（1946年10月第4共和制憲法前文12・13段）

○「フランス人民は1946年憲法前文により確認され、補充された1789年宣言により規定されたような、人間の諸権利と国民主権の諸原則とに対する忠誠を厳粛に宣言する。」（1958年第5共和制憲法前文冒頭）

　フランス革命に始まるこうした伝統はまさしくフランス国民のたたかいをつうじてうまれてきたものであり、フランス国民は第2次大戦中のナチスによる一部占領下のヴィシー政権のもとでとられた「憲法行為」を、ナチス撤退後ただちに廃止したように、外国勢力による支配には敏感に対応してきました。

②冷戦の影響を受け早期に憲法改悪──ドイツ

　第2次大戦を日本と同じファッショ陣営にたって戦ったドイツの戦後は、ナチスの全体主義と侵略戦争への反省を強く打ち出します。しかしその憲法が早い時期に改悪され予定どおりにはすすみませんでした。

　まずドイツの戦後は、日本とは違って米英ソ仏の直接占領下におかれましたが、実質的に4ヵ国の管理下におかれたのはベルリンだけで、西

半分をアメリカ陣営、東半分をソ連が分割して支配するという不幸な状況におかれました。

■東西ドイツの成立と対立

1949年に西ドイツ（ドイツ連邦共和国）と東ドイツ（ドイツ民主共和国）が発足し、ドイツには2つに分かれた分断国家となりました。

西ドイツの憲法にあたるのは「連邦基本法」でしたが、将来東ドイツと統一し単一国家となることを想定し、暫定的なものとする意味をこめて「憲法」という呼び名にしませんでした。

この基本法では、「諸国民の平和的共存を阻害するおそれがあり、かつこのような意図でなされた行為、とくに侵略戦争を準備する行為は違憲である。これらの行為は処罰される」ことが明記され（基本法26条1項）、この規定にもとづきドイツ刑法80条は、侵略戦争を準備する行為をおこなったものを終身刑または10年以上の懲役にすることを定めています。

しかし、東西対立のなかでの占領下におかれたため、とりわけ朝鮮戦争勃発以降、頻繁に基本法改悪をおこなって、再軍備の動きが強まり、米英仏の占領下におかれた西ドイツの軍国主義化は急速に進行します。

主権を回復した1955年、早くも「18歳男子の防衛義務」などを盛り込む基本法改悪をおこなって西ドイツはNATOに加盟、56年に第7次基本法改正をおこない軍人・軍属、一般市民の基本権の制限（17条a）、連邦議会外務委員会・防衛委員会設立（45条a）、軍隊の数、装備、組織の大綱の予算計上、軍隊の出動の原則（87条a）、国防軍刑事裁判所（96条a）、国内緊急事態に対する軍隊の動員（143

東西分裂時代のドイツ

条a）等の諸条項が追加・整備されました。68年5月の基本法改正は、「戦争・非常事態（115条a〜t）」で「防衛事態」を詳細に規定し、「緊急事態法」を成立させました。こうした動きは日本の改憲論者のあいだでは手本とされました。

　1989年の東西ドイツの統一によって、この基本法の内容は基本的に「ドイツ連邦共和国基本法」として統一ドイツに引き継がれます。90年の改正では、前文で、「ドイツの統一と自由が旧東ドイツ諸州の加入により完成した」とし、「この基本法は、全ドイツ国民に適用される」という一文が追加されました。

　戦争違法化へのこうした逆流が進行したのは米ソ冷戦のまっただなかにあって、国民も分断状況におかれたという事情があるでしょう。

■戦争責任の追及に真剣に取り組む

　しかし、対米従属した憲法解釈の変更によって憲法の重要な原則をふみにじっている日本の支配層とドイツを比較をする指摘もあります。

　「ドイツが周辺諸国との関係で真に信頼をえる、州や自治体での外国人選挙権の付与、人権の拡大といった現代的課題を基本法改正に取り込むといった大きな文脈のなかで、その一環として（憲法改正論が）展開されています。軍事面での拡大を、そしてそれだけを、憲法解釈を重ねてすすめる日本との、この落差はあらためて指摘しておくべきでしょう」（森英樹『憲法の平和主義と「国際貢献」』）という指摘です。

　そのことがきわだってあらわれているのは、過去の侵略戦争に対する認識の問題です。

　たとえば、ドイツ政府は2018年12月、第2次大戦中の1938年〜39年にナチス政府からの迫害から逃れるために両親と別れ子どもだけで英国にわたったユダヤ人生存者に19年から1人あたり125ユーロ（約52万円）の賠償を決めました。

　ところで、おなじ18年には、韓国の裁判所で戦時中の日本企業による

「徴用工」強制労働をさせられた個人への賠償を求める判決が相次いでいます。これまで日本の最高裁や政府も「個人の請求権も消えた」とは言っていません。にもかかわらず安倍政権は1965年の日韓請求権協定で「解決済み」との態度をとっています。安倍首相は日本軍「慰安婦」についても「性奴隷といった事実はない」という態度をとりつづけています。こうした姿勢が、近隣諸国との真の友好をさまたげ、武力を背景にした外交に向かわせていることは否定できません。

さきに述べた「改憲」だけを見るのでは、ドイツの一面だけの評価になるでしょう。ドイツを手本にするのなら、戦争責任を認め、つぐなう歴史認識に徹する姿勢こそ大いに学ぶべきでしょう。

しかも西ドイツの東方政策は、ソ連・ポーランドと和解し、東ヨーロッパ全部と仲良く、東ドイツと共存するということこそが最大の安保政策でもあるという考え方でした。この考え方から1975年以降、平和を人権・環境保護にも拡大して考えるヘルシンキ条約、さらにはヘルシンキ・プロセスへと発展し、80年代にはスウェーデンのパルメ首相の「ヨーロッパ共通の安全保障」という構想が生み出され、それがソ連のゴルバチョフのペレストロイカ政策を生み出す背景ともなって、冷戦の終焉・ドイツ統一へと至ったのです。

そして対立と憎しみによってではなく、和解と対話によって問題を解決しようという西ドイツ・ブラント政権の東方政策が、韓国の金大中政権の民族分断を越える「太陽政策」のモデルとなったのです。

（2）国策遂行の手段としての戦争を放棄（不戦条約型）

国際連盟、不戦条約における戦争違法化の流れを受けて各国憲法に戦争を違法なものとして排除する規定が登場します。

③一般的な戦争違法化の規定

▽**イタリア憲法**（1947年）……11条「イタリアは、他国民の自由に対する攻撃の手段としての、および国際紛争を解決する手段としての戦争を放棄し、他国と同等の条件で、諸国家間の平和と正義を保障する機構に必要な主権の制限に同意し、この目的を有する国際組織を推進し、助成する」。

▽**大韓民国憲法**（1988年）……5条「大韓民国は、国際平和の維持に努め、侵略戦争を否認する」

▽**スペイン憲法**（1931年）……「スペインは、国家政策の手段としての戦争を放棄する」（1931年スペイン憲法6条。内戦とフランコ政権により失効）。また、77条に、詳細な司法・調停・仲裁手続を経なければ宣戦できない規定があり、国際連盟の平和保障と調和しています。

▽**フィリピン憲法**（1935年）……「フィリピンは、国策遂行の手段としての戦争を放棄し、一般に受諾された国際法の諸原則を国内法の一部として採用し、平和、平等、正義、自由、協調及びすべての国民との親善の政策を遵守する」……1946年改正憲法2条3項、1973年改正憲法を経て継承、1987年新憲法2条2項。さらに、「フィリピンは国家利益に従い、その領域内における核兵器からの自由を政策として確立し追求する」と規定（新憲法2条8項）。

▽**ビルマ憲法**（1948年憲法）……211条「ビルマ連邦は、国策遂行の手段としての戦争を放棄し、外国との関係を処理する行為の準則として一般に承認された国際法の原則を承認する」

（3）戦力の不保持・制限

戦争を禁止するだけでなく、軍隊を持たないことを定める規定が登場します。また特に、原爆投下や核実験の破滅的な経験に学び、核兵器を禁止する憲法も登場します。

①軍隊の全面的禁止

▽日本国憲法、アイスランド共和国、リヒテンシュタイン公国、サンマリノ共和国、モナコ公国、バチカン市国、マルディブ共和国、西サモア共和国、ナウル共和国、ガンビア共和国、モーリシャス共和国、パナマ共和国。

②常設の軍隊の禁止

戦時は軍隊をもつが、平時には軍隊を置かない国もあります。
▽**コスタリカ憲法**（1949年）……12条「①常設の制度としての軍隊は、これを禁止する。②警備および公共の秩序の維持のためには、必要な警察部隊を置く。③大陸協定によってのみ、また国民の防衛のためにのみ軍隊を組織しうる。いずれの場合においても、軍隊は文権に服する。軍隊は、個別的であると集団的であることを問わず、評議をし、示威行動をし、あるいは宣言を発してはならない。」

コスタリカが軍隊を廃止した理由は、1948年の大統領選挙不正をめぐり2000人が死亡した内戦を契機に、こうした国内紛争の武力による解決を阻止しようとしたこと、もうひとつは、1948年に発足した地域的安全保障制度である米州機構（OAS）などによる集団安全保障制度に期待した、という2つがあげられています。前者は、後に大統領になるホ

セ・フィゲーレスが開始した武力革命による反政府的な国民解放運動が、革命に勝利した後に自己の軍隊を廃止したため、非武装主義が実現しました。

　しかし1980年代以降、隣国ニカラグアのサンディニスタ左翼政府に対するアメリカの軍事干渉によるニカラグア内戦が激しくなるなか、83年11月、「コスタリカの永世的、積極的、非武装的中立に関する大統領宣言」を発表、この宣言にもとづく憲法改正が議会の賛成を得られないまま、オーストリアとは異なって他国に承認を求めるものとなっていません。

　また、コスタリカの非武装主義は常設の軍隊はもたないということであって地域的安全保障制度である米州機構や米州相互援助条約（リオ条約）といった「大陸協定」の要請、もしくは自国防衛の必要性がある場合には、常設の軍隊でなければもつことができるとされています。しかし、米州機構やリオ条約への加盟の際には軍隊による協力を留保しており、治安と国境警備用には市民警察隊を設置しています。

③核兵器の保有禁止

▽**フィリピン憲法**（1987年）……2条8項「フィリピン国は、国益に適合するかぎり、領土内における核兵器からの自由を政策目標とする」
▽**パラオ（現地語ではベラ‐ウ）共和国憲法**（1981年）……13条6項「戦争における使用を意図される核兵器・化学兵器・ガスあるいは生物兵器等の有害物質、原子力施設及びそこからの廃棄物は、この特殊な問題のために提起される国民投票における4分の3以上の承認なくして、パラオ領域において使用・実験・貯蔵・あるいは廃棄されることはないものとする。」

　同共和国は、旧米信託統治領ミクロネシア・パラオ諸島であるが、1981年1月独立・自治領となり、1981年8月、アメリカとの間に調印さ

れた「自由連合協定」は、内政・外交権はパラオ側がもつが、軍事権は
アメリカが握るものであり、「飛行場と港を含め、パラオの約３分の１
の土地を米軍用地とし、見返りに今後50年にわたり米国が総額10億ドル
の財政援助をする」、また、条件付きで核兵器を持ち込む条項も含まれ
ていました。この協定を承認するか否か、1983年１月住民投票、1984年
２回目の住民投票でも「不賛成」、1986年、第３回目の住民投票の結果、
新「自由連合協定案」の承認となりました。この協定案中には、憲法と
一致する非核条項が加えられています。ただしパラオ当局と米政府間に
条約締結の合意がなされ、「パラオ領域内に米国の核搭載可能艦及び軍
用機の寄港を認める」こととし、運用上核がないことを前提にその有無
を問わないとしています。

（４）永世中立宣言

　中立を国是とする憲法も登場します。

▽オーストリアの中立性に関する連邦憲法（1955年10月）……第１条
「①オーストリアは、その対外的な独立を確保するため、及び自国の領
土の不可侵のために、自由意思に基づいてその永世中立を宣言する。オ
ーストリアは、一切の手段を挙げてこの永世中立を維持し、擁護するも
のとする。②オーストリアは、将来に向けてこの目的を確保するために、
いかなる軍事的な同盟にも加入せず、自己の領土内に外国の軍事基地の
設置も許さない」。
　オーストリアは第１次大戦の主要な交戦国であり、ヒトラーの出身地
です。第２次大戦中はドイツの占領下におかれ、戦後は米英仏ソの分割
統治下におかれました。オーストリアの独立は、1955年４月のソ連・オ
ーストリア間の「モスコー覚書」および同５月の英米仏ソとオーストリ
アの条約締結によって達成されました。いわば米ソとのバランスを保っ

た結果といえます。そのためオーストリア議会は6月、そのことの証明として永世中立を宣言し、維持する決意とそれを保障する具体的な方途を満場一致で決議、冒頭の憲法を含めそのことを内外に示しこの中立の承認を求める通告を各国におこない、56年4月までに51ヵ国がこれを承認し、オーストリアの中立は国際的保障を得るものとなりました。

さらに注目されるのは、「国際諸機構の要請に基づき外国に対し援助を行なうためのオーストリア部隊派遣に関する憲法規程」という9ヵ条に及ぶ憲法条項を1965年に制定していることです。

これは、国連平和維持活動に参加する部隊にかんする規定で、国連平和維持部隊の平和的任務（休戦実施確保、監視、武力衝突防止のため緩衝的役割、治安維持等）と永世中立原則が基本的に矛盾しないよう、その出動についての政府・議会による決定、指揮官の任命、援助部隊の使用についての国際機関とオーストリアとの協定・締結において、永世中立義務違反とならないよう、憲法上の詳細な保障規定を設けたものです。

▽**スイス憲法**（1948年）……「連邦は、対外的には祖国の独立の保持、対内的には安寧と秩序の維持、加盟国の自由と権利の保護および共通の福祉の増進を目的とする」

スイスの「永世中立」は、16世紀以来数世紀にわたる中立政策の歴史に基づいています。それは条約上、「当該の国々は、スイスの永世中立を認め、その領土の不変永続を保障する。スイスの中立と不可侵性および一切の外国勢力からの独立は、ヨーロッパのすべての国々の真の利益と合致するものであることを確認する」（1815年12月、オーストリア、フランス、イギリス、プロシア、ロシア（のちにポルトガル）により署名された「スイス国の永世中立及びその領域の不可侵の承認及び保障に関する議定書」によって保障されています。

しかし憲法上は、「外的安全性、スイスの独立と中立の保持のための措置」は「連邦両院の権限に属する」（1848年改正後85条）「連邦参事会

は、外的安全性、スイスの独立と中立の保持を監視する任にあたる」との1874年改正は憲法条文の国家目的条項に「中立」の明文の規定を設けていません。一つの政治的手段であり、「中立」から歩み出ることが有益な場合、その権利を留保したものというのが理由です。

しかしスイス政府によれば、「スイスの公的中立概念」では、「永世中立国は戦争にまきこまれないためにあらゆることをしなければならず、また、戦争にまきこまれる可能性のあるあらゆることをしてはならない」と要約しています。

注目すべきは、国の常備軍は存在せず、民兵制による「武装中立」であり、憲法18条には国民全員の国防義務が明示され、成年男子は生涯軍事訓練を受け、「良心的兵役拒否」を認める憲法修正案は1977年の国民投票で否決されました。女子は民間防衛に協力する義務があります。スイスの独立と領土保全の侵犯者に抵抗する組織および「民間防衛」組織がこの「永世中立」を支えます。また、軍事的義務も求められることのある国連にも参加していません。

以上のような、スイスの永世中立は、自らの内部に複数多民族と文化をかかえ、州権が強い連邦形態をとる小共和国スイスが、欧州諸列強の間に位置しながら独立と領土保全を守るため歴史の試練を経て、国際法上の保障をえるためです。

▽**その他**……なお、憲法上の規定はありませんが伝統的に中立政策をとっている国にスウェーデンがあります。

（5）地域に広がる平和の共同

個々の国の努力にとどまらず、隣接する地域が協力しつつ紛争を平和的に解決するための努力も第2次大戦後の世界では行われてきました。

①東南アジア諸国連合

ASEAN（東南アジア諸国連合）

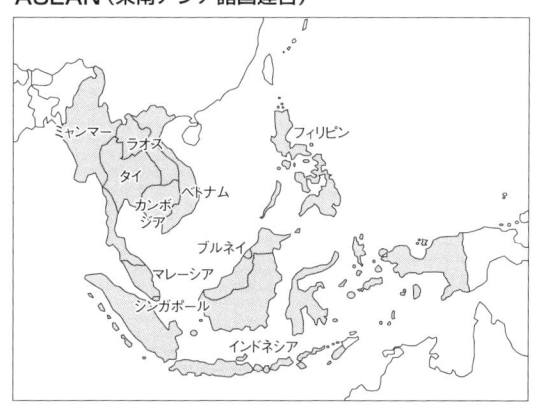

その一つはASEAN（東南アジア諸国連合）です。米国中心の軍事同盟であるSEATO（東南アジア条約機構）が存在するもとで、当初は対話を重ねることで政府首脳の相互理解を深め、経済協力をおこなうことが主要目的にアジア人同士が殺し合いをさせられたベトナム戦争中の1967年にフィリピン、マレーシア、インドネシア、タイ、シンガポールの親米5ヵ国でASEANは結成されました。その後政権の性格が異なるブルネイ、ベトナム、さらにカンボジア、ラオス、ミャンマーが加盟して現在は10ヵ国となり、加盟国の人口は4億人を超え、アジア地域で、最も主要な役割をもつ連合組織であり、域外からの干渉排除と地域的問題の地域的解決を基本に経済・社会・文化的発展の共同目標をかかげました。

とりわけ大きな転機となったのは2003年に作成された東南アジア友好協力条約（TAC）の締結で、「すべての国の独立、主権、平等、領土保全、民族同一性の相互尊重」「相互の内部問題への不干渉」「武力の威嚇又は行使の放棄」などの基本原則が掲げ、これを土台に、ASEAN地域フォーラム（ARF）、東アジアサミット（EAS）、東南アジア非核地帯条約、など、重層的な平和と安全保障の枠組みをつくりあげ、これらの努力の上に、2015年末、「政治」「経済」「社会」という3つの共同体からなるASEAN共同体の設立にこぎつけました。

16年、常設仲裁裁判所は、南シナ海水域に対する排他的な「主権的権利と管轄権」を主張し人工島建設などをすすめる中国の権利主張を「国

際法の根拠がない」として紛争の平和的解決を促す裁定をおこないました。これに受けて同９月のＡＳＥＡＮ首脳会議は「国連海洋法条約を含む国際法の普遍的に承認された原則」「法的および外交プロセスの全面的尊重」による平和的解決を確認する声明を発し、その実現をめざす努力を強める、中国が分断をめざす動きをおこなう等、困難ななかでも世界の平和秩序を作り上げるうえで積極的役割を果たしています。

②中南米カリブ海諸国共同体

　ＣＥＬＡＣ（中南米カリブ海諸国共同体）は、第２次大戦直後にはアメリカの属国だった12ヵ国が参加して発足した南米共同体が2011年12月、ベネズエラの首都カラカスで南米独立をたたえた「カラカス宣言」を採択、これをもとに中南米カリブ海地域の（フランス領ギアナを除く）全独立国33ヵ国で構成するＣＥＬＡＣを結成し、左派の後退などの困難を抱えながらも歴史的には「米国の裏庭」とされてきたこの地域を米国から独立した地域に変えました。

CELAC
（中南米・カリブ海諸国共同体）

　約５億の人口を抱えるこの地域では1968年に非核兵器地帯（トラテルロコ条約）が設立され、13年１月に開かれた第１回首脳会議では、地域統合も、各国の主権や多元性を踏まえつつすすめる、との宣言を採択、どのように核兵器廃絶すべきかを話し合う「核兵器全面廃絶に関する特別声明」を再確認しました（「赤旗」2011年12月５日）。

　2014年のＣＥＬＡＣ第２回首脳会議では「中南米カリブ海平

和地帯宣言」を採択、この地域から武力の行使と威嚇を永久に放棄し、紛争を平和的に解決にすることを強調しています。この宣言に基づいてＣＥＬＡＣはコロンビア内戦を終わらせる和平交渉をあと押しするなど平和のイニシアティブを発揮、2015年7月には中南米カリブ海のすべての諸国が、米国によるキューバ封鎖政策を批判し米国とキューバの54年ぶりの国交回復を実現させました。

　ただ、多年にわたってアメリカの支配下におかれたこれらの地域では民主主義の経験も浅く、反動的政権をうみ出しかねないことは現在のベネズエラのような例にも見られます。そして、豊富な石油資源をもつ同国にたいしては、国内での対立に乗じて、マドロウ大統領側を中国とロシア、これに反対するグアイド国会議長側をアメリカが後押しするなど、大国による支配の復活をめざす動きもあります。

　こうした大国による支配を排し、地域の平和の共同を、南北朝鮮の対話の空気が強まっているいま、北東アジアでも実現をめざそうという声がたかまっています。憲法9条をもちながらアメリカへの従属をつづけている日本の対応が問われています。

6 おわりに
―9条を生かしてこそ
「戦争は違法」を現実のものに

憲法集会（東京）
（2018年5月3日）

■事態はすでにここまで

海上自衛隊の潜水艦「くろしお」は2018年9月、護衛艦や艦載ヘリコプターがソナーを使って潜水艦を探索する一方、潜水艦は探索されないように護衛艦に接近する、という演習を南シナ海でおこないました。これは2015年に安倍内閣が強行した戦争法で、日米間の平時からの協力措置として「情報収集、警戒監視、偵察」をおこない「南シナ海に対する関与の在り方について検討する」としたことの一部を実行にうつしたものです。この地域での支配を強化しようとしている中国に対抗してアメリカがおこなっている「航行の自由」作戦と連動するものです。

1996年、台湾海峡でミサイル発射などの軍事演習をおこなった中国にたいし、アメリカがインディペンデンス等の空母戦闘群を派遣して圧力をくわえたとき、中国は「空母の母港・横須賀のある日本を敵とみなす」と語ったことは前述しましたが、いまやアメリカに母港を提供するどころか、自衛隊がアメリカとの連携プレーのために直接インド洋に出ていくまでになっているのです。

安倍首相が17年5月3日の改憲派集会へのメッセージいらい9条改憲への決意を表明するトーンを高め、18年には自衛隊員を前にした高級幹

部会同、観閲式での「訓示」、そしついに臨時国会の施政方針演説でで、なりふりかまわず改憲発言をおこなっているのも、戦争法の実行にのりだしているにもかかわらず、9条改憲の動きが一向に進展しないことにたいする焦りにほかなりません。

　安倍首相は、日本中に燃え上がった反対闘争を押し切って60年安保改定を強行し、それと一体のものとして憲法を改悪することに執念をもやしつづけた祖父・岸信介のもとで、改憲を自らの使命と考えつつ成長したといえます。

　その目的を達成できないまま政界を引退した岸信介は、占領下を振り返ってこう述べています。「吉田さん（首相）や私には、占領軍がいなくなるとかえって憲法改正は難しくなるから、日本の事情を理解しだしたマッカーサーがいるうちに憲法を改めよう、との考えがあったのですが、あの朝鮮動乱でマッカーサーが急に辞めてしまったために具体化せず、吉田さんは後任のリッジウェイとも話し合われたようですが、リッジウェイは日本の憲法を改正するという熱意にまでは至らなかった次第です」（自主憲法制定国民会議機関誌『憲法』第九号）。日本国憲法をアメリカが「押し付けたもの」と非難しながら、国民の力にたよってそれを改めようというのではなく、反共色を鮮明にしつつあった占領軍と手をむすび、アメリカの世界戦略に沿ってこれを改めようとしたのです。

　それから70年余、9条改憲の企ては支配勢力によって繰り返し、執拗におこなわれてきましたが、その強弱はちがっても、アメリカの世界戦略にそって日本国憲法を改悪しようとするこのパターンはかわりません。そして今回は、祖父・岸信介の執念もひきついだ安倍晋三の登場です。彼は、さきの戦争を侵略戦争と認めないその前時代的歴史観だけでなく、アメリカの世界支配体制を支える日本の役割を強化する役割を果たそうとする対米従属の姿勢においても祖父に劣りません。

■安倍9条改憲案

　しかし彼は、憲法9条にたいする国民の思いがなみなみならないことを軽視せず、これまでに見られなかった新しい手法でこの課題に挑戦しています。それは「陸海空軍その他の戦力は、これを保持しない」という日本国憲法9条の中でも魂ともいうべき2項はそのまま残し、新たに9条に自衛隊についての規定を付け加えるだけの「加憲」といわれる方式です。彼は17年5月3日、改憲派の集会へのメッセージでつぎのように述べ、以後、そうした発言を繰り返しています。

　「今日、災害救助を含め、命懸けで、24時間、365日、領土、領海、領空、日本人の命を守り抜く、その任務を果たしている自衛隊の姿に対して、国民の信頼は9割を超えています。しかし、多くの憲法学者や政党の中には、自衛隊を違憲とする議論が、今なお存在しています。『自衛隊は、違憲かもしれないけれども、何かあれば、命を張って守ってくれ』というのは、あまりにも無責任です。私は、少なくとも、私たちの世代の内に、自衛隊の存在を憲法上にしっかりと位置づけ、『自衛隊が違憲かもしれない』等の議論が生まれる余地をなくすべきである、と考えます。もちろん、9条の平和主義の理念については、未来に向けて、しっかりと、堅持していかなければなりません。そこで、『9条1項、2項を残しつつ、自衛隊を明文で書き込む』という考え方、これは、国民的な議論に値するのだろう、と思います」

　安倍首相は、この方式のもとでは9条のこれまでの解釈はまったく変わらないといいます。たとえば自民党憲法改正推進本部は、そうした安倍首相の主張をふまえ、つぎのような改憲案文をまとめました。

　「前条の規定は、我が国の平和と独立を守り、国及び国民の安全を保つために必要な自衛の措置をとることを妨げず、そのための実力組織として、法律の定めるところにより、内閣の首長たる内閣総理大臣を最高の指揮監督者とする自衛隊を保持する」

　これによって「陸海空軍その他の戦力は、これを保持しない」という

現行9条2項の意味は変わらない、というのです。

　そんなことはあり得ません。それならば、わざわざ膨大な費用がかかる国民投票までおこなって新たな規定をつけ加える必要はないはずです。

■戦後の憲法解釈と「必要最小限の実力」

　この点をめぐってはいろいろな解説がおこなわれていますが。比較的わかりやすいのは、現在の9条2項をブレーキにたとえる解説です（本秀紀『別冊法学セミナー』新・総合特集シリーズ11）。

　これまでの政府の公式の9条解釈は、あくまでも「戦力」はもてないというタテマエから自衛隊は「自衛のための必要最小限の実力」で「戦力」ではない、というものです。そのため、「武力行使の目的をもって武装した部隊を他国の領土、領空、領海に派遣する」という意味をもつ海外派兵は、「自衛のための必要最小限」を超える軍事力行使＝集団的自衛権の行使であって「憲法上許されない」としてきました（1980年10月30日、政府答弁書）。2014年の閣議決定で集団的自衛権の容認に踏み込みましたが、あくまでも「日本防衛」に限定する形をとっています。

　自衛隊が空母をもつことや他の先進国と競い合って軍事費を膨張させることは、この「必要最小限」によって抑制されてきました。しかし、いま安倍内閣がすすめている軍備の増強はこうした制約を装備の面からとりはらうものです。

　かつて政府は、アメリカの指示にもとづき警察予備隊を設置したとき（50年8月）、当時の吉田首相は、「日本の治安をいかにして維持するかということにその目的があるのであり、従ってそれは軍隊ではない」（7月30日、参院本会議）と言い逃れ、その警察予備隊が日米安保条約締結にともなって装備を強化し保安隊になったとき（52年7月）には「憲法9条が禁ずる戦力とは近代戦争遂行能力を備えたもの」であり、「保安隊はまだそのような能力を持たないから憲法違反ではない」（52年11月、政府統一見解）と居直ってきました。

日本語の意味を自分の都合のいいように、これほどねじまげる「解釈」には驚きますが、ともかく９条は「軍隊」「戦力」にまでは踏み込めないブレーキとなってきたのです。「解釈」の手法で自衛隊を明記すれば、法律学のルールとして後からつけくわえられた条文の解釈が前から存在する条文に優越しますから、９条２項はこれまでのように自衛隊にたいするブレーキの役割をはたさず、集団的自衛権容認の閣議決定や戦争法によって海外で戦争する国となることを方向づけられた自衛隊の存在が９条解釈の中心となります。しかも自民党の９条改憲案は、「必要な自衛の措置」としてから「最小限」を削除するなどいろいろな画策もしています。ブレーキは、形だけ残ってもほとんど意味のないものになってしまうというわけです。

■野党分断ねらう安倍９条改憲の手法

　いま、まわりくどくこうした「加憲」方式をとるのはなぜでしょうか。この方式を強く推奨する改憲団体は主張します。「これは『３分の２』の重要な一角たる公明党の主張に単に適合させる、といった方向性だけに留まらないことをまず指摘したい。むしろ護憲派にこちら側から揺さぶりをかけ、彼らに昨年の（戦争法反対運動の）ような大々的な『統一戦線』を容易には形成させないための積極戦略」（日本戦略研究センター「明日への選択」2016年９月号）ということです。

　現在は改憲に「慎重」な態度をとっているかに見える公明党は、実は2004年の第５回党大会で「９条１項の戦争放棄、２項の戦力不保持の規定を堅持するという姿勢に立ったうえで、自衛隊の存在の明記やわが国の国際貢献の在り方について。『加憲』の論議の対象として、より議論を深め、慎重に検討していく」との方針を決定しています。さらに言えば、野党の多くは現在安倍９条改憲には反対していますが、自衛隊はそのものについては「合憲」の立場にたっています。国民の８割前後も自衛隊の存在そのものには肯定的です。ここに着目し、「自衛隊を憲法で

規定するだけ」と偽って改憲反対勢力を分断しようというのです。

　「日本を戦争する国」にするというホンネを明かせば野党や国民の強い反対にあうのは確実なので、まったくウソの理由で乗り切ろうというのです。国民はそんなペテン師の手法を許しません。

■草の根から国民世論と「九条の会」

　1999年5月、ハーグ平和会議の100周年を記念してオランダのハーグで開かれた世界平和市民会議は「公正な世界秩序のための基本10原則」を採択しました。その第1原則として掲げられたのは、「各国議会は、日本の憲法9条のように、自国政府が戦争をすることを禁止する決議をすること」です。戦争違法化の流れの強まりととともに、その最先端をいく日本国憲法9条への世界の注目が集まっています。

　いま世界中が注目している朝鮮半島問題でも、わずか1年余り前（2017年）にはあれほど深刻な対立をしていた北朝鮮とアメリカの首脳による米朝直接対話は、朝鮮半島の平和と非核化に向けた重要な合意を積み上げつつあります。しかし同時にトランプ大統領は2018年10月、ロ

公正な世界秩序のための基本10原則

① 各国議会は、日本の憲法九条のように、自国政府が戦争をすることを禁止する決議をすること

② 国際司法裁判所の強制管轄権の無条件承認

③ 国際刑事裁判所設立条約の批准と対人地雷禁止条約の実施

④ 政府・国際機関・市民社会の協力による「新しい外交」の追求

⑤ 世界は人道上の危機を傍観してはならない。武力の行使の前に、あらゆる創造的な外交手段がつくされなければならない。その後（武力の行使は）国連の権威の下でおこなわれなければならない

⑥ 核兵器廃絶条約の即時交渉開始

⑦ 小型武器取引の厳格な規制

⑧ 経済上の権利の人権としての重視

⑨ 平和教育の全世界の学校での必修

⑩ 「戦争防止地球行動」の計画を平和な世界秩序の基礎とすること

翻訳資料：「赤旗」2000年3月2日付

シアとの中距離核戦力（ＩＮＦ）全廃条約を廃棄すると言い出しており、事態は一方的に進行しているわけではありません。

　こうしたなかで９条をもつ日本が、求められているのは、日韓、日中、日朝の信頼関係を構築し、北東アジアの平和にむけた積極的役割を果たしていくことです。唯一の被爆国として核兵器禁止の国際世論をリードする側にまわることです。

　しかし、ソ連崩壊は日本政治のあり方にも大きな影響をおよぼし、20世紀末期から21世紀はじめにかけて、あらためて野党勢力をもまきこんだ９条改憲の流れが軽視できないものなりました。

　そうした状況をうけて、2004年６月10日、井上ひさし（作家）、梅原猛（哲学者）、大江健三郎（作家）、奥平康弘（憲法研究者）、小田実（作家）、加藤周一（評論家）、澤地久枝（作家）、鶴見俊輔（哲学者）、三木睦子（国連婦人会）は、つぎのようなアピールを発し、「九条の会」を発足させました。

　「憲法９条に基づき、アジアをはじめとする諸国民との友好と協力関係を発展させ、アメリカとの軍事同盟だけを優先する外交を転換し、世界史のながれに、自主性をもってかかわっていくことが求められています。憲法９条をもつこの国だからこそ、相手方の立場を尊重した、平和的外交と、経済、文化、科学技術などの面からの協力ができるのです」「日本と世界の平和な未来のために、日本国憲法を守るという一点で手をつなぎ、『改憲』のくわだてを阻むため、一人ひとりができる、あらゆる努力、いますぐ始めることを訴えます。」

　このアピールは全国の良識ある人たちに支持され、あっという間に全国の職場、地域に広がり、さまざまな「九条の会」が結成され、その数は1000、2000と増え続け7500に達しました（以後、調査不可能に）。その会の大きさは会員が３桁のものから２〜３人のものまであり、構成員も従来の革新系の人たちだけのものから保守系の人たちを含めた会、あるいは自治体の首長たちの会など実に多様で「10の９条の会があれば10

「九条の会」発足記念講演会（2004年7月24日）に参加した呼びかけ人。左から加藤、鶴見、澤地、奥平、大江、三木、井上、小田の各氏。（写真提供：九条の会事務局）

の顔がある」といわれます。これらの会は大江さんたちの九条の会と上下の関係にあるわけではなく、学習や宣伝を基礎にそれぞれの方針にもとづき9条改憲に反対し、9条を生かす運動に自主的にとりくんでいます。

　ただ一つ、この「九条の会」が全国の九条の会と共通して取り組むことをよびかけているのが「安倍9条改憲ＮＯ！ 3000万人署名」です。これだけの署名を集めれば、かりに改憲の是非を問う国民投票にもちこまれてもこれを否決できるとの判断にもとづくもので、いまこのよびかけに応えた取り組みが全国でおこなわれています。労働組合や民主団体でそれぞれの組織員の全員をめざした取り組みがおこなわれていることはいうまでもありません、九条の会の場合は知人・友人のあらゆるつながりを生かした取り組みはもちろん、街頭でのうったえや団地、地域の個別訪問など文字通り草の根で、総当たりするという九条の会ならでの取り組みをすすめています。

　もちろん、一国の平和をめざすことと世界の平和をめざすことは、矛盾・対立するものではありません（第5章参照）。こうした取り組みは、日本の戦後史に例をみないのはもちろん、おそらく憲法をめぐる世界の運動においても例のないことでしょう。わたしたちはこの運動をつうじて自民党の9条改憲の歴史にとどめをさすだけでなく、文字通り「9条の心」をすべての国民のものとして世界に発信することができます。

【著者プロフィール】

川村　俊夫　（かわむら・としお）

　1941年　東京生まれ
　1965年　東京大学卒業。
　　同年　憲法改悪阻止各界連絡会議（憲法会議）結成と同時に事務局に専従。
　1972年　同　事務局長。　　1995年　同　代表幹事。
　現在　　憲法会議　代表幹事。　九条の会（全国）事務局員

【おもな著書】

『小選挙区制と民主主義』（新日本出版社、1980年）

『ドキュメント　憲法の戦後史』（大月書店、1982年）

『日本国憲法を考える― 40年の光と影』（新日本出版社、1987年）

『輝け！日本国憲法』（学習の友社、1992年）

『憲法から見た安保条約』（新日本出版社、1997年）

『日本国憲法の心とはなにか』（あけび書房、2000年）

『憲法問題の焦点―現代改憲論の検証』（共著、新日本出版社、2002年）

『戦争違法化の時代と憲法９条』（学習の友社、2004年）日本図書館協会選定図書

『日本国憲法攻防史』（学習の友社、2009年）

『憲法９条ＶＳ集団的自衛権』（学習の友社、2013年）

『「戦争法」を廃止し改憲を止める―憲法９条は世界の希望』（学習の友社、2016年）

『日本国憲法はこうして生まれた―施行70年の歴史の原点を検証する』
（本の泉社、2017年）

『「戦争する国」への道　安倍九条改憲ＮＯ！』（本の泉社、2018年）

カバーデザイン　かんきょうMOVE

「戦争は違法」の世界の流れと日本国憲法９条

2019年3月10日　初　版　　　　　　　　定価はカバーに表示

著　者　川村　俊夫

発行所　学習の友社

〒 113-0034 東京都文京区湯島 2-4-4

TEL　03-5842-5641　　FAX　03-5842-5645

tomo@gakusyu.gr.jp　郵便振替 00100-6-179157

印刷所　光陽メディア

ISBN978-4-7617-0712-5　C0036